得意淡然，失意泰然

從執著到解脫的 生活哲學

時曼娟 著

不為物役　放下痴心　切忌放縱　懂得彎腰

少點預設期待，人生會更自在！

欲望不是罪，罪在無休止的欲望
堵住悠悠之口，將命運掌握在手

在繁忙的現代生活中，找到屬於你的平和
佛教智慧＋生活實踐，從十個角度培養內心的快樂源泉

目錄

目錄

第六章
面對不平常事，更不可缺少一顆平常心

第七章
放下執著，幸福就在鬆手的剎那

目錄

第一章

痛苦多是因為欲念多，減少欲念才會少煩惱

欲望不是罪，罪在無休止的欲望

　　人生在天地間，有七情六欲是很正常的事情。欲望本身並不是壞事，而只是我們本性的一種表達。真正有害的，是被欲望牽著鼻子走，罪在無休止的欲望。大禹的父親治水時採用「堵」的方法，反倒讓水患越來越嚴重。而大禹採用疏導的方法，徹底解決了水患。人身體中的欲望，就像是需要疏通而不是去擁堵的水患一樣，要以合理的眼光去看待這件事情，要對自己正常的欲望加以引導，比如餓了就要吃飯，冷了就要多穿衣服，而不是不論飢飽，一見到山珍海味就大吃特吃，最後就只有一個結果 ── 把自己的身體吃垮。

　　因此，人應該學會掌控自己的欲望，而不是被欲望掌控。欲望就像雨水一樣，適當的雨水可以灌溉莊稼，獲得豐收，雨水多了，則會氾濫成災。我們之所以活得累，就是因為把欲望誤認為需求，使自己疲於奔命，越陷越深。

　　在《百喻經》裡面有一個愚人吃鹽的故事。

　　過去有一個愚蠢的人，他到別人家去作客。主人留他吃飯，他嫌菜太清淡，沒有味道。主人聽後，在他的菜裡又加了一些鹽。加了鹽的菜果然好吃多了。他暗自想道：「菜之所以這麼好吃，是因為有鹽的緣故。加這

麼點鹽尚且如此，何況加更多的鹽呢？」於是，這個沒有頭腦的傢伙便直接吃起鹽來。誰知吃了以後，口舌便失去了味覺，反受其害。

這就是被欲望牽著走的典型事例。一旦得到了一件爽口的食物，就貪嘴不放。豈不知，再好吃的東西，只有在適量的情況下，才能品味到其美妙的滋味，一旦超過了自身所能承受的範圍，便只有用「過猶不及」來形容了。

當然，現實生活中並不會有人如同故事中的愚人一樣只一味地吃鹽，但你是否能夠看清楚自己生活中的「鹽」究竟是什麼？在朝向自以為美好的事情邁進的時候，你自己的腳步是不是比那個愚人還要堅定。還有，你是否看得到不遠處欲望的深淵，正在張著血盆大口想要把一切吞沒。欲念是無止境的，過於貪戀，反倒會把許多曾經夢想中的美好變成真正的惡魔。在面對現實的時候，當欲望擺在眼前的時候，你是選擇隨心所欲，還是選擇理智前行，一念之差，往往會造成差之千里的結果。

畢竟，在我們的日常生活中，能夠禁得住那一把「鹽」的誘惑的智者並不多。倘若能夠明白貪多必失是一種安穩生活的哲學，便可以在人生的苦海中及早回頭。因為只有在放下以後，才能拿起更多。當你看似是捨棄了一種心之所向的東西，實則得到的，比之更有價值。

佛教中曾有一位叫寶覺的得道高僧，在即將圓寂的時候命人把自己所有的弟子叫到身邊，向他們宣布自己的大限即將到來。恩師快要離開人間了，弟子們自然苦苦挽留，心有不捨。在一片悲悽聲中，唯有一個聲音與眾不同。這位弟子大聲說道：「時限若已到，生死由他去好了。」寶覺禪師聽後，微微一笑，對眾弟子說：「這便是老衲的肺腑之言。」隨即雙眼一閉便圓寂了。

生死有命，富貴在天，這並不是消極的處世方式，而是以一種「看透了」的態度來對待人生。人吃五穀雜糧，就免不了要生老病死，反倒不如看透放下，不執迷於生之欲念，死之痛苦，來的時候乾乾淨淨地來，去的時候痛痛快快地去，這才是真正的解脫。人有欲望並不是一件絕對的壞事，因為有欲望，說明你是一個有理想，有抱負的人，你在積極地追求上進，在為實現自己的理想而奮鬥，就像拿破崙（Napoleon Bonaparte）說的那樣「不想當將軍的士兵不是好士兵」。人往高處走，這是人類的天性，也是推動社會發展的動力。但是凡事都應該有個限度，當我們的欲望膨脹得無法控制的時候，它就成了災難。拿破崙的確由一個士兵成長為了一個好將軍，甚至成為了一個具有雄才大略的帝國皇帝，但當他的欲望膨脹為統治全世界的時候，勝利變成了失敗，法國人民也因此受害，而他自己最終一個人在孤島上了結束了曾經輝煌的一生。

想要不被欲望牽引，唯有看清自我的欲念所在，能夠真正掌握為人的正確方向和恰當處事的分寸，才能夠避免造成不可挽回的惡果。這是最簡單的道理，卻也最難做到。唯有如此，才需不斷去修行自我，以得禪的大境界。禪，從來都不在遙遠的西天，而於你我是如影隨形。

佛談五欲：欲念無盡時，我生卻有涯

「欲」，在梵語裡的意思是指對特定的對象產生了希望欲望的精神作用。因此，欲望，最大的作用是對人們的精神帶來日益耗損的效果，並不是簡單地等同於可以實現的願望。「欲」是可以和「魔」相對應而產生的。一般意義上，會將能夠奪走人生命的東西稱之為「魔」，但在佛教中，把這個字的意義衍生化了，泛指一切可以殺害我們精氣神的東西，有時候是來自於外界的障礙，有時候則是由於自身而產生的擾亂。

在佛教中，有「五欲」的說法。《大智度論》說：「五欲無利益，如狗啃骨頭。」又說：「五欲如逆風舉火把，風吹焚自身。」「諸欲樂甚少，憂苦毒甚多，為之失身命，如蛾赴燈火。」這都是說明五欲之於人，為害甚大。佛家所說的「五欲」，專指財欲、色慾、名欲、食慾和睡欲。

這五種欲望，和每個最普通的人都是息息相關的。人生在世，離不開名利財氣酒色，但對這些東西過於貪戀地追求，最終就會讓自己沉迷在其中而無法自拔，甚至還會因此而受到傷害。所以在平常的生活中控制住「五欲」，不但於自己的身體有益，更能夠清淨身心，使得生活變得更加純樸。對整天忙碌在鋼筋水泥間的現代人來說，是一種回歸自我的精神。

011

一、財欲

俗話說，無錢寸步難行。有錢能使鬼推磨。所以很多人這一生的目標，就是賺很多很多的錢，甚至有的人為了賺錢，出賣自己的良心、身體、靈魂。可是到頭來我們發現，不顧一切的去賺錢，是人生在世最不划算的事情，因為不管你累積再多的金錢，也是生不帶來，死不帶去，而且為了拚命賺錢，你可能失去了原本健康的身體，原本美滿的家庭，原本親密的朋友。也許到最後你才會發現，自己拚命地賺錢，原本是為了享受金錢所帶來的快樂與享受，卻最終做了金錢的奴隸：傷身，傷心，傷情。

在佛經中，經常用「毒蛇」來比喻錢財的禍患。就像是農夫與蛇的故事一樣，最初救這條蛇的時候明明是一片好心，但最終卻被毒蛇咬傷而丟掉了性命。這是好心不得好報的結果，也正是對財欲金錢的執著而反倒傷害了自己的典型。

一個富人在年輕時窮困潦倒，他一直千方百計地努力賺錢蓄財，終於成為富甲一方的富翁。然而當他成了富翁時，已是白髮蒼蒼，無法再享受自己所有的財富，很快就命歸西天了。

富人到了天堂，遇見了神聖的上帝。富人向上帝請教道：「偉大的上帝，人的一生對於您來說有多長？」

上帝回答：「呼吸之間。」

富人問：「人生所有的金錢，在您的眼裡有多大的價值？」

上帝回答：「一堆泥土。」

富人問：「神聖的上帝，能否請您再給我一次呼吸？」

上帝說：「可以，只要你能夠為我創造一堆泥土。」

富人說：「萬能的上帝，我無法創造一堆泥土，能否用我一生的金錢，換取一堆泥土呢？」

上帝說：「可以。」

於是上帝給了富人一個墳墓。

富人困惑道：「仁慈的上帝，我希望您再給我一次來生，為何卻給我一個墳墓呢？」

上帝撫摸著富人的頭說道：「可憐的孩子，你可以用一生去換取金錢，但無法用一生擁有的金錢換取一次來生，只能用一生的金錢去換取這堆泥土了。你就永遠安息在這裡吧。」

這則故事告訴我們：生命可以創造金錢，金錢卻無法創造生命。

二、色慾

聖人曰，食色，性也。男女之愛，本是人的本性，但將這種本性無限放大，便成了難以填滿的欲壑。所謂「英雄難過美人關」，「衝髮一怒為紅顏」，在美女面前，大英雄的抵抗力也不過如此，更何況平凡人等。但色亦有度，為博紅顏一笑而烽火戲諸侯，為得一美貌女子而舉國大戰，這便成為了千古罪人。縱觀多少君王將相，英雄豪傑，在溫柔鄉裡斷送了萬里河山、壯志雄心。《摩訶止觀》說：「色害尤深，令人狂醉，生死根本良由此也。」可見色慾之害人不淺。

三、名欲

名，指世間的聲名，因為能顯親榮己，所以也是人們追求的欲望之一。有一句話說：「榮譽是人類的第二生命。」這既是對榮譽的一種褒獎，也是一種批評。對名利的追逐，一方面可以促進自我和團隊的整體進步，恰當的榮譽感，是進步之基。但若過分沉醉於名利之中，則會使自己陷於

痛苦的深淵。「天下熙熙，皆為利來；天下攘攘，皆為利往」，這是客觀存在的，沒人能改變人世間這種名利環境。但我們發現，凡是事業有成名望很高的人，都有一個共同特點，他們追求的不是名利，把目光放在能賺多少錢上面，只是專注於把事情做了，把事業做好，功到自然成，他們的事業越做越大，名氣越來越大，財富越來越多。

在「二戰」戰火中出任首相的邱吉爾（Winston Churchill），可謂受命於危難之際。由於他力主抵抗以及與蘇美兩國的有效合作，大大地加快了法西斯的覆滅，為和平贏得了時間。然而，戰爭結束不久，在 1945 年的英國大選中，保守黨大敗，邱吉爾也落選了。

為了安撫這位前首相，英國女王決定授予他一枚巴斯勳章。邱吉爾感慨萬分地說：「當選民們把我解僱的時候，我有何顏面接受陛下頒發給我的這枚獎章呢。」

為了感激他在第二次世界大戰中護衛英倫的卓著功績，英國國會擬透過提案，塑造一尊他的銅像，置於公園，令公眾景仰。邱吉爾回絕說：「還是算了吧，我怕鳥兒在我的身上拉屎。」

美國心理學家羅賓透過多年的研究得出結論：凡是對名利太過算計得失的人，實際上都是很不幸的人，甚至是多病和短命的人。他們90%以上都患有心理疾病。這些人感覺痛苦的時間和深度也比不善於算計的人多了許多倍。換句話說，他們雖然會算計，但是卻沒有好日子過。所以要想長壽，就應該學會淡泊名利。

四、食慾

人常說「人是鐵，飯是鋼」，可見吃飯對於維持人的生命有著重要的意義。但現在，我們吃飯不僅僅是為了活命，而是慢慢變成了一種奢侈的

享受。天上飛的，地上爬的，只要能吃的，都被端上了人類的餐桌。據統計，每年被吃掉的動物有上萬噸，一個人的一張嘴，就可以毀掉一個物種。但人們同樣不知道的是，目前已知動物身上約有 200 多種傳染病，80 多種寄生蟲，其中一半可以傳染給人。比如對人類危害很大的狂犬病、狂牛症、愛滋病，等等，當然，還有讓人記憶猶新的 SARS。

我們吃飯是為了維持生命，而不是為了做「嘴」的奴隸。

五、睡欲

日出而作，日落而息，這是人類綿延了幾萬年的生活習慣，睡覺是為了第二天能精神飽滿地工作，可有的時候，卻變成了偷懶或者逃避。

公車上，我們經常可以看到為了逃避讓座而故意裝睡的人；課堂上，老師在上面講得激情昂揚，學生在下面睡得稀裡糊塗；會議室裡，蒙頭大睡的人也經常可見……嬰兒可愛的睡姿惹人憐愛，成人不合時宜的睡姿則醜態畢露。

佛家所說的「五欲」，其實並沒有刻意地分出是好是壞。因為每一種需求，都是人得以生存在這個世上的理由。以正念來追求財、色、名、食、睡，為善法欲，是精進求道的資糧；以邪念來追求財、色、名、食、睡，為惡法欲，是步入墮落的原因，所以又稱為「地獄五條根」。真正的欲望，永遠只在當我們連自己的心都控制不住的時候才會變為惡魔。欲念無盡時，我生卻有涯，和自己的心做鬥爭，是需要用一生去完成的事情，不必要因此而急功近利，否則反倒失去了化解欲望的初衷。

魚與熊掌不用兼得

　　孟子說：「魚，我所欲也，熊掌，亦我所欲也，二者不可兼得也。」
有得必有失，這是生活的平衡法則。

　　生活中，每個人都會面臨各式各樣的選擇：當情人向你提出分手，你
是坦然的放棄，還是努力挽回；當工作遇到瓶頸，你是保持穩定，還是另
謀高就；當陷入人生的谷底，你是繼續沉淪，還是逆流而上……每一個不
同的選擇，意味著你的人生將走入不同的道路，所以每當遇到這樣的選
擇，我們便開始徬徨、猶豫、緊張。我們想將所有有利的選擇都抓在自己
的手裡，因為選擇了就沒有回頭路。可現實是，人生中的很多選擇往往是
單選，你選擇了一個，就必須放棄另一個，兩個都選擇，就等於什麼都
沒有。

　　哲學家布里丹（Jean Buridan）養了一頭可愛至極的小毛驢，為了照顧
好這個小傢伙，布里丹每天都從農場的農戶手中買一些新鮮的草料給牠
吃。有一次布里丹外出，讓農民臨時幫忙照顧一下小毛驢，農民出於對哲
學家的敬仰和感激，於是額外奉送了一批新鮮的草料給毛驢吃。小毛驢身
邊一下子多出了一堆新鮮的草料，這讓牠有些難以抉擇，不知道該吃哪一
邊才好，結果在這堆草料聞一聞又走到那堆草料，又從那堆草旁嗅一嗅然

後折返回來，就這樣來來回回走著，一口草也沒吃。幾天之後，布里丹回到家中，發現小毛驢已經死去了，而地上的草料一點也沒有動過。

做人要知足，人生得其一就已經足夠了，我們沒有必要去貪求更多，你想把所有的東西都抓在自己手心裡，不僅不能如願，很有可能連自己手中所得的東西也會失去。我們需要抓住生活中的每一份賜予，需要接收人生的每一次幸福，但是當我們面臨選擇的時候，就要懂得適當控制自己的欲望，適當看開一些反而會更好，不要被無謂的選擇束縛住。既然上天給了你多種選擇，其實那是一種不可多得的幸福，我們根本沒有必要為之苦惱。也許我們會覺得自己選擇了其中一個，那麼另外一個就注定會失去，那我們為什麼不能換一個角度來看問題呢？——無論如何，自己都能夠得到其中的一種幸福。

有個水性極好的男子在回家途中碰見一老一少祖孫二人同時落入湍急的河水之中，男子沒有多想，急忙跳入水中，奮力向兩個人游去。但是是先救老人還是先救孩子呢？祖孫倆明顯都不懂水性，一個年齡大，一個年齡小，都禁不住水流的衝擊，在水裡待不了多久，怎麼辦？孩子離男子最近，男子沒有多想，先將孩子救上了岸，等他再次準備下水時，發現老人已經被水沖得不見了蹤影。

男子非常內疚，覺得自己原本可以救活老人的，如果自己先救老人，那麼悲劇就不會發生了。因為過分自責，男子坐在河邊一邊痛哭，一邊懺悔。這一幕被路過的老和尚看在眼裡，老和尚於是上前去勸慰他：「你明明救了人，為何還要在這裡自責呢？」男子告訴老和尚說自己害死了人，跪在這裡懺悔是應該的。

老和尚搖搖頭說：「也許你可以救活那個老人，那麼那個落水的孩子

呢？你認為他還能活下來嗎？男子一聽呆住了。老和尚接著說：「你為什麼不看開一點呢，假設你當時不在場，那麼無論是老人和小孩，你都救不了，現在至少還有一個人活著，你還自責什麼呢？」老和尚的一番話，讓男子坦然放下了心結。

生活往往如此，我們只看到自己失去的東西，卻從未想過自己得到了什麼。做人不要有太多的欲求，能夠有所取那就取一點，能夠有所求，那就取一些，沒有必要為自己該得到什麼而傷神。人生有所得已經是最大的幸福了，我們應該坦然放開心懷，應該淡然地看待各種選擇，其實沒有了欲望，沒有了占有心，那麼魚和熊掌根本也就不會有什麼區別，無論你抓住什麼，得到什麼，最終收穫的都是生活的福報，都是幸福和快樂。

有時候我們會抱怨上天剝奪了我們做出選擇的機會，可是當機會真的到來時，你是否被幸福沖昏了頭腦呢？是否會產生挑剔心理，是否會猶豫不決，是否會產生更大的欲望呢？美國總統（Abraham Lincoln）說：「所謂的聰明人，其實就在於他知道什麼才是選擇。」並不是所有的人有機會做出選擇，也不是所有的人在機會面前能夠做出好的選擇，只有真正看得開的人，才能從選擇中解脫出來，淡然接受生活的每一份賜予。詩人蒙田（Michel de Montaigne）說：「當我走進果園時，以最卑微的心隨意摘下一個蘋果，心中激動不已。」其實生活沒必要費力去做什麼選擇，只要你的心足夠淡定，那麼輕輕地摘下任何一個「蘋果」，都會使你更加幸福快樂。

放下占有心，人生才能豁然開朗

三毛說過：「無論是哪一種感情，無論是哪一種，占有心太強，都是痛苦的泉源。」小時候，我們看見別人有漂亮的玩具，我們就纏著父母為我們也買一個，有的甚至用不光彩的手段將別人的據為己有。談戀愛時，我們恨不得能為對方做一切，可是我們不知道，正是這種願意為對方付出一切的心態，卻使我們的愛情早早夭折，因為這不是愛，而是占有，這不能使對方感覺到你的愛意，反而成為對方的一種負擔。

有一個年輕人，向一位朋友求救：「我有了女朋友」，他說。

「有女朋友你應該很開心啊，可你為什麼一臉的愁苦呢？」朋友問他。

「可是，我的女朋友太愛我了。」年輕人說。

「這不是很好嗎？不就是你想要的愛嗎？」

「一點都不好！這讓我和她在一起非常痛苦。」年輕人無奈地說，「我非常喜歡和朋友一起滑雪，可是自從我和她一起之後，我就再也沒有去滑過雪了，因為我女朋友不喜歡滑雪，而且她覺得滑雪非常危險，每次我想去的時候，她總是找各式各樣的理由阻攔我，這使我非常痛苦。」

「那你愛這個女孩嗎？」朋友問他。

「我是很愛她，但是我和她在一起，我感覺自己就像俘虜一樣，被關起來，不自由！」

我們很多人，都和這位年輕人的女朋友一樣，太愛對方，從而將對方視為自己的俘虜，不僅要俘虜對方的人，還要也要俘虜對方的心；控制他的行動，還要控制他的心。而這種「俘虜」，其實就是占有，就是把自我價值擴展到他人身上。很多情侶往往會說：「我愛你愛得要死！」或是喜歡說：「我是你的一半，你是我的一半！」明明是不同的兩個人，卻彼此互相要求對方，成為自己的一部分，這種「愛」，本來就是一種互相的占有。你想占有他，他也想占有你，因為都想占有，所以就分不開了，這樣的「愛」，到頭來，卻只讓對方更想逃走。

占有別人是在運用政治手腕，想要占有整個國家就是政客在努力的事情。占有另一個人是一種較小規模的努力，想要成為政治，想要支配，發號施令，控制與駕馭，藉著這樣做，你的自我可以被增強，你開始在扼殺對方。

我們往往以愛的名義進行占有，卻殊不知這種所謂的「愛」，並不是真心的愛，而是傷害。

有一個牧師來到他的新教區，新教區旁邊有一個漂亮的花園，花園裡的鬱金香開得正茂盛。可是第二天，牧師發現很多鬱金香都被摘了下來，亂七八糟地丟在地上，牧師非常心痛。他問了教區裡的其他人，才知道每天下午都會有幾個小孩子來花園裡玩，這些花就是那些小孩子摘的。

那天下午，牧師早早守在花園邊，等待那幾個孩子的到來。過了一會，一個小男孩來了，他伸手就摘了一朵鬱金香。牧師看見了，問那個小男孩：「你喜歡這朵花嗎？」

小男孩點點頭。

「你既然這麼喜歡這些花，那你知道嗎，如果你將這些花摘下來，它就只能活幾個小時，可是如果在花枝上，這些花就可以開幾個月。」

小男孩想了想，決定再也不摘花了，其他孩子紛紛仿效，於是那年春天院子裡布滿盛開的鬱金香。

那些孩子是真心喜歡鬱金香的，但他們的喜愛只是單純的占有。牧師的話讓孩子們明白了什麼才是愛的最好表達方式。於是盛開的鬱金香點綴了春天，也裝點了孩子們的心靈。

對愛情的占有心，是因為我們把愛情視為自己生活的全部，把對方視為自己生命的全部，從而使自己陷入自己為自己營造的「愛情」裡，而忘記了你愛的是一個有獨立思想的人，而不是一個任你擺布的玩偶。

對金錢的占有心，是因為我們內心對金錢的能力的渴望，認為有錢就可以擁有一切，卻並不明白金錢可以買到的東西很多，買不到的東西也同樣多，而且太多的金錢反而會成為你生活的負擔。

對任何美好事物的占有心，是因為我們自身的虛榮心和私心，我們不想讓別人看見同樣美好的事物，只想將之據為己有，一方面可以作為自己炫耀的資本，另一方面也滿足了自己的私慾，可你卻不明白，美好的東西只有展現在陽光下，才會越來越美，把它藏在黑暗的角落，它便會慢慢枯萎。

所以，收起你的占有心，給他自由的空間，這才是真正的愛。

容許留一點缺憾，凡事不必求滿

一位年輕人人因為一場意外，下身癱瘓，他的下半輩子便只能在輪椅上度過了。年輕人無法接受這樣殘酷的現實，便選擇了自殺來結束自己的生命。他的魂魄飄飄蕩蕩地來到西天，佛祖問他為何要結束自己的生命，年輕人哭著說：

「我現在無法行走，任何事情都需要別人的幫助，成了一個廢人，這樣活著，對我，對他人都是一種折磨。」

佛祖聽後，帶著他的靈魂來到大街上，指著一個雙目失明的人對他說：「與他相比，你還能看見美麗的景色。」然後又指著另外一個不能說話的人說：「和他相比，你還能表達自己的想法。」接著，又指著雙耳聽不見聲音的人說：「和他相比，你依然聽得到美妙的聲音。」佛祖頓了頓，反問年輕人：「跟他們相比，你不覺得你好很多嗎？」年輕人聽了，慚愧的低下了頭。

「我再給你一次機會，好好地回去生活吧，你要懂得，殘缺的人生才是真正的人生。」

年輕人聽了佛祖的話，終於頓悟，他下決心一定要好好珍惜自己自己不完美的身體與人生。

我們每個人，都像這個年輕人一樣，企盼著圓滿的人生，但生活總是喜歡和我們開玩笑，每個人都是被上帝咬了一口的蘋果，所以注定了我們的人生不可能沒有缺陷。車爾尼雪夫斯基（Chernyshevsky）曾說過：「既然太陽上也有黑點，人世間的事情就更不可能沒有缺陷。」由此可見，殘缺其實是人生的常態，而完美，則僅僅存在於人們的想像中，是一個願望、一個方向，可以接近而難以實現和抵達。

在殘疾人運動會上，我們注視著那些不完美的身體，卻能深深感受到一種精神上的「完美」；在維納斯雕像面前，我們深深遺憾美麗的維納斯，卻缺少了一條手臂，所以很多追求完美的人千方百計地設計了各式各樣的手臂，期望能還給維納斯一個完美的身體，可是這些手臂無論怎樣安放，都讓原來的維納斯看起來有某種說不出的不協調、不和諧，而這不完美的維納斯，成了雕塑史上的經典之作；《鐘樓怪人》裡醜陋的敲鐘人卡西莫多（Quasimodo），成了人們對愛情最美的讚頌，完美的副教主孚羅洛（Claude Frollo），卻成了邪惡的代表。

完美與殘缺，本來就並非絕對對立的矛盾，也許它只不過是一個和諧的悖論。而它的價值，也許就是進步的價格。

很久以前，國王的女兒出生了，但是這位公主並不像其他的公主那樣美貌，而是非常醜陋。為了維護王室的名譽，國王命人將公主嚴密地看管起來，不准公主踏出房子一步。轉眼間十六年過去了，小公主已經長大成人，她一個人孤零零地在房子裡長大。剛開始，她總是趴在窗前看別的孩子在陽光下快樂的奔跑，但門口的待衛看管得特別嚴格，從不讓她出門半步，國王和王后也從來不來看她，只是讓人按時送來食物和衣物。公主百無聊賴下，便翻開桌子上的佛經看起來，慢慢地，她對這些佛經產生了濃

厚的興趣，每天除了睡覺，就是誦經念佛。

很快，國王為公主定了一門親事，這個人是個家道中落的貴族，國王許諾他娶了公主後，會為他建一座非常漂亮的宮殿，並賞賜很多的黃金。

公主的婚禮很盛大，但整個過程中公主都是以紅紗遮面，沒有人看見公主的真容。駙馬的朋友聽說公主長得非常醜陋，便想戲弄戲弄駙馬，在婚宴上將駙馬灌醉，讓他當著眾人的面，揭開了公主的面紗。當一位氣質高雅、雍容和善的公主站在他們面前時，所有人都驚呆了，甚至國王和王后也不相信這就是那個原本醜陋的公主。

原來，學佛竟然可以改變一個人的相貌。

沒有人能天生完美無缺，就連集天下權力於一身的國王也無法做到事事完美，更何況我們這些普通人，可是往往就是這些不完美，卻成就了我們的人生：「蓋文王拘而演《周易》；仲尼厄而作《春秋》；屈原放逐，乃賦〈離騷〉；左丘失明，厥有《國語》；孫子臏腳，兵法修列；不韋遷蜀，世傳《呂氏春秋》；韓非囚秦，〈說難〉、〈孤憤〉；《詩》三百篇，大抵賢聖發憤之所為作也。」

不完美是人生的常態，所以我們應該學著讓自己的人生留一點遺憾，太完美的人生其實是最不完美的人生。

不為物役，只有活得簡單，才能活得自由

欲望的表現形式有三種：比較、占有、競爭。因為有了比較，所以才會產生占有之心，而產生占有之心後，就會想著要和別人競爭，獲得自己原本沒有的東西。在人生的每個階段，我們因為面對的現狀不同，想要的東西也會不同，但總體來說，我們的欲望是呈直線上升的趨勢，也就是說我們想要的東西只會更多，不會減少。

從小到大，我們最喜歡的事就是拿自己和別人作比較，別人有好玩的玩具，別人有有錢的爸爸；別人有漂亮的女朋友，有有權勢的岳父，有體面的工作；別人家的孩子成績好，別人家的孩子很聽話，別人家的孩子出國了等等。我們一直活在別人的陰影之下，從未關心過自己擁有什麼，從未想過自己的父親沒有錢但慈愛，自己的老婆不漂亮但賢惠，自己的孩子不聰明但懂事，說不定自己也是別人所羨慕的對象。

有了比較，便會有占之心，便想將別人的占為自己所有，可別人不是傻子，不會等著你來拿，所以便有了競爭。為了具有更好的競爭優勢，我們可以使盡各種手段，甚至手足相殘，親人反目，我們的人生，便陷入了這一輪輪比較、占有、競爭的惡性循環之中。

我們不停地為占有、比較和競爭而勞碌，無非是想過幸福的生活，但我們似乎忽略了一點——「有得必有失」，你得到的外物越多，你失去的也將會最多，金錢有了，親情沒了；事業有了，健康沒了；名聲有了，清閒沒了；權力有了，自由沒了。最終我們發現，我們想要的幸福不是離我們越來越近，而是越來越遠。

一個人去參加一間公司的面試，在問答的最後關頭，老闆親自問了一個問題——十減一等於幾。參加面試的共有三個人，另外兩位是研究生，只見第一位很快紅光滿面地說：「你想等於幾就等於幾。」第二位侃侃而談：「十減一等於八，那是消費；等於十二，那是經營；等於十五，那是金融；等於一百，那是中獎。」望著神采飛揚的他們，這個求職者腦子裡一片空白，最後只好黯然答道：「十減一等於九。」並作好了落選的準備。誰知老闆當場宣布他被錄取了。事後問其緣由，竟是他的簡單，坦誠。

原本一個簡單的問題，在面試者的心裡卻變得如此複雜，不得不讓人深思。因為太想得到，所以拚命抓緊，但抓得越緊，反彈的力道越大，最終什麼也得不到。而簡單卻讓我們變得誠實、快樂，讓我們處在燈紅酒綠中，卻能保持一顆純淨的心。

幾年前的下午，一個閱讀論壇請到一位歌手與她的博士丈夫，與論壇的網友們舉行了一次「藝術與生活」的座談會。期間主持人問了這樣一個問題：「社會對妳的歌聲及人生頗為讚賞，能否請妳用一句話來對自己的人生做個概括？」

歌手回答道：「就是主張平常心是道，簡單生活是福。其實，不要把自己當成什麼，才是什麼；要把自己當成什麼了，就不是什麼了。」

　　我們知道兩個高手之間的比拚，往往一個簡單的動作就能分出高下，同樣，真正懂得生活的人，才知道生活的真諦是簡單、自由，不留戀於外界的繁華，不羨慕他人的奢華，守著自己的心，尋找自己的淨土。為他人的奢華所吸引，跟著自己的心，尋找自己的淨土。

　　佛曰：「一花一世界，一木一浮生，一草一天堂，一葉一如來，一砂一極樂，一方一淨土，一笑一塵緣，一念一清靜。」心若無物，到處是天堂。

嚴守內心的戒律，才能達到精神的純淨

佛家對戒律的要求是非常嚴格的，作為佛門弟子，不但要修習精深佛法，更應嚴守佛門戒律。

在佛陀快要涅槃的時候，眾弟子非常傷心，他們派出阿難問佛陀：「佛陀在世的時候，我們都依佛陀為師，佛陀涅槃後，我們依誰為師呢？」佛陀答：「應依戒為師。」

由此我們可以看出，戒律對於佛家弟子來說有多重要。佛家戒律不但可以約束弟子們的行為，告訴他們什麼可以做，什麼不能做，還可以指引佛門弟子們如何在修行的時候忘卻世俗之事和身邊的煩惱，漸漸地走進修行的清涼之地，做到四大皆空。

其實，不論是佛門還是俗世，都應遵守各自的戒律，才能保證社會秩序的良好執行，才能保證人人平等。

內心的戒律，能夠讓我們戒除貪、嗔、癡等心病，內心之中的貪念、惡念、淫念才能徹底消失，我們才能做到淨心，使得身心達到一種平衡的狀態。

有個小和尚，剛出家不久，師傅交代了很多戒律，他卻不以為然，認為遵守這些規範太過麻煩，整個人都被束縛著，如何逍遙自在？所以，這

個小和尚在自己叛逆之心的驅使下一次又一次地觸犯戒律。

有一天，小和尚因為說了謊而被罰在廚房砍柴，他一邊砍柴一邊思考問題，一不小心，斧頭就掉了下來，差點砸到腳。正巧，這一幕被方丈看到了，於是方丈走過去，拿起斧頭，問道：「想什麼想得這樣入神啊，一心可是不能二用的。」

小和尚看著方丈，結結巴巴地說：「沒……沒想什麼。」

方丈看了看心不在焉的小和尚，嘆了嘆氣，剛想轉身離開，卻聽到小和尚問道：「方丈，弟子有一事不明，望方丈賜教。」

方丈看著滿臉困惑的小和尚，說道：「什麼事啊？」

「出家人為什麼要遵守那麼多戒律，這麼多的束縛對我們有什麼用啊？」

方丈坐了下來，笑著說：「剛出家的時候，你可能會覺得這些戒律是束縛，因為你還不了解佛家戒律，世俗之人也是因為不了解佛家戒律，擔心受制約，才不敢受戒。其實，戒律之中包含了修身養性的精華，不但可以約束我們出家人的生活，還能夠讓我們心境如一，從而消除我們心中的貪、嗔、癡三毒，你明白了嗎？」

「明白了，方丈，弟子謹遵教誨。」

方丈看了看小和尚，繼續說道：「戒律為修行的根本，其中的奧妙博大精深，並非一朝一夕就可以領悟到的，也不是三言兩語就能夠說清楚的，應當在日後的修行過程中嚴格遵守戒律，才能受益匪淺。」

就像方丈所說的那樣，戒律是博大精深的，其中的奧祕，只有自己親身經歷之後才能體會，病由心生，想要戒除心中的病，就要學會養心，而養心的根本養出清淨之心、誠實之心和慈悲之心。

　　佛家主張不殺生，現今有很多為了秉承佛家理念，願意行善之人放棄了美味的肉食，這樣做，其實就是一種尊重生命的表現。但是也有所不同，佛家弟子不吃肉，是在戒律和佛心的驅使之下，而凡人不吃肉，多是為了積德行善，心中生了戒律，在內心戒律的驅使下走素食之路。

　　佛家主張不偷竊，因為偷竊皆因心中充滿欲望所致，而佛家弟子講究的是有顆清淨心。凡人不能偷盜，是因為有法律的約束和道德的審視，道德如旁觀之人，若你偷盜，良心上會不安，同時會受到周圍人的譴責，其實，凡人起了偷盜之心，皆因內心不明淨，心中戒律不嚴，使得手不受控制。

　　佛家主張不邪淫，因為「紅粉骷髏，蒙衣陋廁」，幾乎每個人都可以意識到邪淫的危害，卻仍不能自拔地深陷其中，多的是貪戀和難捨，進而影響身心健康和家庭幸福。因為，在佛家戒律之中，戒邪淫是非常重要的一條，講究的是面對邪淫之時也能擁有一顆清淨之心。凡人如果能將戒邪淫的戒律銘記心中，自然不會被邪淫所害，心中也不會生出些許汙濁，生活上多出的應是其樂融融。

　　佛家不主張說妄語。所謂妄語，即妄言、綺語、惡口、兩舌。不要難理解，這幾個詞語的意思就是口是心非、欺騙不實、花言巧語、油嘴滑舌、辱罵誹謗、惡語傷人、搬弄是非、挑撥離間。看到這些解釋之後，很多人可能會說，原來這些統稱為妄語啊，這些行為都是被人唾棄的。

　　其實，無論是哪一種妄語，都是為了滿足自身欲望，以達到某種目的，為自己牟取私利的表現。應當有一顆真誠的心，內心中之中有戒妄語這條戒律，才能讓更多的人圍攏過來，周圍的人才不會對你心生芥蒂，厭惡你的所言所語，或是因為你的言語而受到傷害。妄言之人，內心更是不

得清淨的，他們只不過想透過自己的語言來攻擊別人，或是挑撥教唆別人，想要不費一兵一卒而做個中間獲利之人，這樣的人，內心汙濁到了極點，就像是終日得不到清理的房屋，即便滿面是窗，也早已被塵埃、雜物所遮掩，再見不得光明。

佛家不主張飲酒。可能有人問：「酒為糧食所釀，可謂素飲，可為何佛家弟子將酒視為『葷』？」其實，酒本身沒有罪，只不過酒會讓人迷失心性，讓人犯下彌天大錯，正所謂「酒大傷身，酒多亂性」，佛家將戒酒視為戒律之一，意在強調人要時刻保持清醒的頭腦和心。這和沿軌道行駛的火車一樣，一旦出了軌道，後果不堪設想。凡人亦是如此，如果內心深處沒有戒酒之律，很容易在這個精神和物質富饒的年代做錯事、做悔事，比如，酒後駕車容易出車禍，家破人亡；酒後亂性會導致精神和金錢上的損失，而後便是家庭的破裂。

試想，如果一個國家的人，都能夠嚴守心中的戒律，做到不殺生、不偷盜、不邪淫、不妄語、不飲酒、不吸毒，那麼這個國家中的每個人的心靈都能夠得到淨化，法律也就成了擺設，因為人們不會再有悖於良心的事情，每個人的心靈都非常純淨，那這個國家就會變得和平、蒸蒸日上。

第二章

快樂不是因為享受多，而是因為付出多

不做溫水中的青蛙

　　一隻野狼臥在草上勤奮地磨牙，狐狸看到了，就對牠說：「天氣這麼好，大家在休息娛樂，你也加入我們隊伍中吧！」野狼沒有說話，繼續磨牙，把牠的牙齒磨得又尖又利。狐狸奇怪地問道：「森林這麼靜，獵人和獵狗已經回家了，老虎也不在近處徘徊，又沒有任何危險，你何必那麼使勁磨牙呢？」野狼停下來回答說：「我磨牙並不是為了娛樂，你想想，如果有一天我被獵人或老虎追逐，到那時，我想磨牙也來不及了。而平時我就把牙磨好，到那時就可以保護自己了。」

　　想想我們自己，是不是也像這匹野狼一樣，時時刻刻不忘武裝自己呢？考試時，才發現書本上的知識一個也不懂；資金出現困難時，才後悔平時花錢大手大腳；別人升遷加薪時，才慚愧平時總是拖拖拉拉，不認真完成工作；需要朋友幫助時，才發現自己一個知心的朋友也沒有；生病時，才醒悟平時為什麼不好好鍛鍊身體……我們總是只顧著當前的燈紅酒綠，而繁華落幕後的黑暗，我們永遠不會放在心上。

　　生活就像玫瑰花一樣，我們只看見它的美麗，只品出它的香氣四溢，只懂得它的浪漫溫柔，卻從沒想過它的刺有一天會扎傷自己。而幸福與不幸，就像玫瑰花與花上的刺，當你沉浸於幸福的生活不能自拔，自然就忘

了不幸這顆刺正在旁邊悄悄醞釀，當你被它扎得渾身傷痕的時候，你才會後悔，如果自己早一點看見這顆刺，那麼生活就會是另一番風景。

星雲大師曾經說過：「吾人雖然要建立積極進取的人生觀，要有樂觀喜悅的性格，要相信人生是充滿希望、充滿美好、充滿得意、充滿光明的。我們是一個快樂的人生、歡喜的人生，然而吾人也要有憂患意識，不能沒有防備心，不能沒有警覺性。」

有位得道禪師因為佛法高深，深得他人的敬重，很多人都慕名前來，甚至一些王公貴族也前來聽他講學。但是讓人不解的是，每次有人前來求佛，他總是躲起來，避而不見，尤其是一些有權有勢的達官貴人，他更是一概不見。禪師的弟子看見師父總是這樣，於是就好心提醒他不要再躲避了，這樣可能會得罪很多人。但是禪師反而笑著對弟子說：「如果說我為了避禍而去講學，那麼實在是犯了大錯。事實上有人來聽我講佛法，這原本應該是件好事，既宣揚了佛法，又壯大了寺廟的名聲，但現在世道那麼亂，如今雖然人人信佛、敬佛、護佛，可是誰能保證日後沒有人會滅法滅佛？到時候，我這樣的人豈不是自招橫禍？」

半年之後，局勢果然轉變，政權交替，新掌權的統治者對佛法根本不感興趣，政府更是決定將寺廟的土地集中收歸國家所有。為了實現目的，統治者大肆驅逐僧人，有的甚至認為僧人會妖言惑眾，必須將其根除，因此很多僧人受到迫害，而禪師因為深謀遠慮，始終都能明哲保身，所以在肅清運動中得以免除災害。這時候，他的弟子才理解師父的苦心，同時也對禪師的遠見佩服不已。

我們沒有預知未來的本領，每個人也不一定有禪師那樣的遠見卓識，但我們有動物最本能的警戒心，只要稍微多一點心眼，多一點思考，就能

避免一些不必要的損失和傷害。譬如：不把所有的雞蛋放在同一個籃子裡；提早為自己買一份具有保障性的保險；得意時不得意忘形，善待他人；朋友有困難的時候，第一個伸出援手等等。

自從來到人世間的那一刻起，誰都希望自己的一生能夠風光無限，至少平平安安。但事實並不會依照自己想像的軌道而運行，有時在享受安樂的時候，痛苦也會不期而至。目標是否實現，不在於眼前是否取得成績，而在於我們是否能做到常備不懈；人生是否成功，不在於眼前是否風光，而在於我們能否戒驕戒躁，步步為營。一個人不懂得居安思危，便無法保證事事順利；一個企業不懂得居安思危，便無法保證做強做大；一個軍隊不懂得居安思危，便無法保證國家的和平；一個國家不懂得居安思危，便無法保證國家的繁榮昌盛。

凡事豫則立，不豫則廢，懂得為自己的未來做一些打算，懂得考慮潛在的風險，這是生活教給我們的基本法則。但這並不是讓我們事事算計，時時警惕，太聰明的人生反而會少了身為人的樂趣，只要我們在大事上聰明，早做準備，小事糊塗一些也無妨。

人生的這一站也許是幸福是快樂，但是下一站會遇見什麼呢？幸福還是痛苦，希望還是絕望，愉悅還是悲傷？當你與幸福快樂為伍時，請不要忘記為人生的下一站做好準備！

一善念起，萬事花開

在兩千多年以前，孔子就曾說過：「己所不欲，勿施於人。」意思是說：自己想要的生活，別人也想要；自己不希望別人對自己做出傷害，就不要對別人做出傷害。也就是我們做事情不應該只從自己的角度出發，而是推己及人。

官渡之戰開戰前，曹操一直處於劣勢，許多親信也都認為他不會取得戰爭的勝利，暗中和袁紹聯繫，希望戰後可以謀得一官半職。

戰爭的結果卻出乎所有人的意料，，曹操憑藉自己的雄才大略取得了勝利，並直搗袁紹大營，繳獲了大批物資和書信，這其中就有曹操的部下寫給袁紹的書信。曹操當著所有人的面，將那些書信全部燒毀，一封也沒有看，有人提出疑問，為什麼曹操不利用這個機會將那些不忠之人殺掉呢？曹操說：「他們都有自己的家庭，每個人在絕境之後都希望自身能夠有很好的出路。當時我也沒有自信獲勝，更何況他們呢？何必要追究他們。」

後人卻只見到曹操多疑的一面，卻從沒有想過曹操是一位博愛的政治家，這恐怕也是曹操可以奪得天下的重要原因。不管到了什麼時候，在什麼境遇下，只有如此博愛之人，才能被他人所推崇。

女孩那年剛好念國中，每天放學都很晚，街上的行人也很少。她必須要穿過一條小巷才能回家，不知為什麼。每次穿過那條小巷時，女孩總是

有種十分恐懼的感覺。

不知道什麼時候開始，巷子口那個修車的大叔越待越晚了，就算是路上已經沒有人，他還是會在那等待著。沒有人知道他在等誰，因為大叔並沒有什麼親人。一天，女孩回家時看到大叔依然在擺攤，於是對大叔說：「大叔，該收攤了。」大叔一看是她，笑著說：「好。」然後慢慢地將工具收拾好，推著小車跟著女孩進入了巷子中。

從那以後，女孩總是叫大叔一起回家，有了大叔的陪伴，女孩的膽子大了很多。漸漸地，女孩不但與大叔同時回去，而且非常熱心的幫助大叔收攤。一次，女孩一邊走，一邊很隨意的問道：「大叔，晚上沒有人會來修車的，夏天就算了，現在這麼冷，您幹嘛還出來啊？」

大叔慈祥的對她說：「一天夜裡我出來關門，看見妳獨自一個人回來，我就想，巷子裡那麼黑，妳一個女孩子也太不安全了。於是第二天，我便在巷子口等著妳回來，看著妳從遠處騎車過來，我再把攤子收起來，悄悄地跟著妳。這樣萬一遇到了壞人，我也能幫幫妳。」

女孩聽了激動地流下了眼淚。大叔接著說：「其實後來天氣冷了，我就準備不再等妳了，畢竟我年紀大了。而妳卻非常主動地對我打招呼，我心裡非常高興，孩子們都不在身邊，還沒有人像妳一樣，這樣向我問好。那時我就決定，就把妳當自己的孩子看待，天天等妳放學。平安護送妳到家，我覺得很幸福。」

當我們用愛心去愛護別人的時候，同樣也會得到別人的愛。《禮記》中說：「人不獨親其親，不獨子其子，使老有所終、壯有所用、幼有所長、鰥寡孤獨廢疾者皆有所養。」意思就是要有一顆博愛的心靈，一善念動，而花皆開。

讓快樂加倍的唯一方法就是：分享

有個教徒行善之後得到佛祖的讚揚，佛祖還打算當面向他傳授佛法。教徒非常高興，覺得這是他這輩子最高興的事情了，於是迫切地想要到處宣揚，甚至有些得意忘形，結果因此打翻了油燈，差點燒掉整個佛堂。佛祖為了懲戒他的過度忘形，就讓他暫時待在佛堂裡打坐，不能見任何人，弟子們非常不解，覺得這樣的懲罰簡直太輕了，但是佛祖笑著說：「你們錯了，他現在可能比任何時候都要痛苦，因為有滿肚子開心的事情卻沒處訴說。」

可以說，人生最痛苦的事情不是遇到不幸的事情，而是遇到了幸福快樂的事情卻無處訴說，無人分享。如果說痛苦是需要別人來分擔的，那麼快樂則需要和大家一起分享，一個人的快樂只有成為大家的快樂，這快樂才會更加吸引人，這快樂才更加有魅力。

培根（Francis Bacon）曾經說過：「如果你把快樂告訴一個朋友，那麼你將得到兩個快樂。」分享的過程實際上就是一種快樂再創造的過程，你帶給別人多少快樂，實際上就等於替自己增加了多少快樂。白居易說：「樂人之樂，人亦樂其樂。」快樂是需要和好朋友一同分享的，分享就是一次心靈的交流，就是快樂的傳遞過程和累積過程。

　　你可以從食物中得到快樂，但是當你把食物分給別人時，可以在分發的過程中提高自己的快樂指數，因為你在分享食物的同時收穫了更多的信任，收穫了更大的友情，這些快樂甚至遠遠超過食物本身具備的愉悅感受。你可以從華美的衣裳中收穫快樂，但是只有在人前炫耀，只有得到他人的讚揚，你的快樂才會更加痛快更加充實，否則你只是一個人在鏡子裡孤芳自賞，那麼快樂就會打折。快樂就跟婚姻一樣，儘管婚姻只關乎兩個人的事，但是參加婚禮的新人需要得到大家的祝福，他們只有與親朋好友一起分享這份喜悅，兩個人的心裡才會覺得更加甜蜜和浪漫。

　　做人不能太封閉，更不能封閉自己的情緒，如果你覺得自己很快樂，那麼最好將這種快樂散發出去，讓周圍的每一個人都為你而高興。享受快樂就像吃蘋果一樣，如果你一個人將蘋果全部吃完，那麼最多只是品嘗到了蘋果的味道，但是當你將蘋果和他人一同分享，那麼你不僅可以嘗到蘋果的味道，還可以收穫讚美、感謝、笑聲、友情，而這些東西所帶來的心理滿足一定會比單純的吃蘋果更多。

　　如果你不夠幸福，那麼就要懂得向朋友訴說，讓自己的不幸和悲傷得到分擔，如果你覺得很開心很快樂，同樣要懂得和身邊的人一同分享，讓快樂加倍。我們的親人朋友往往就是一面鏡子，你可以從裡面看到自己的幸福，可以看到自己的憂傷，可以看到自己的快樂，也可以看見自己的痛苦。我們需要讓這面鏡子每天都展示笑臉，那麼首先就要懂得給對方一個笑臉，需要把自己的快樂傳播給對方，這樣我們才能從鏡子中收穫更多的幸福和快樂。

　　事實上，任何一種情緒的產生往往和周圍的環境相關，環境的好壞能夠影響一個人的心情。如果周圍的人都很開心，那麼你的憂傷點也會很

低，如果周圍的人都憂傷失落，那麼你的情緒也很可能會受到影響而變得低落。所以當我們快樂的時候，要懂得利用這份快樂去點燃周圍的空氣，如果將快樂封閉起來，就容易使快樂缺氧，熄滅我們心中的熱情。

我們需要放開胸懷，需要為快樂創造更大的空間和更多的載體，快樂不是自私的，也不應該是自私的，將快樂留在自己心裡，那麼快樂往往會很短暫。當我們坐在角落裡一個人竊喜的時候，當我們獨自一人哈哈大笑的時候，當我們一個人心花怒放的時候，是不是覺得生活中缺少了什麼，是不是覺得這快樂始終不夠純粹？因為這種快樂多數時候是壓抑的，是不完整的，所以那些開心的事情所帶給你的愉悅感受也不夠真實長久。如果我們沒有聽眾，沒有能夠了解心事的夥伴，沒有能夠分享、讚美、羨慕的人，我們的快樂就更像是秋風裡孤零零的野果，看上去遠遠不夠飽滿，也缺乏足夠的質感，最終只能在孤芳自賞中黯然凋零。

面對快樂，我們是否認真想過這樣一個問題，自己的快樂起於何處，又將終於何地？我們應該知道自己為什麼而快樂，應該去了解自己快樂的泉源，當然比起快樂的起因，我們更需要了解自己的快樂何時才會終止，在哪裡終止，以何種形式終止。把快樂全部放在自己身上會不會覺得這快樂太輕太短了。做人需要懂得傳遞快樂，一個人的幸福快樂，可以因自己而起，但最好要終止在大家的身上，要讓大家一同感受和分享這份快樂，才算有意義。

快樂永遠都是一個開放式的情感和情緒，你要將快樂留給自己，更要懂得將快樂釋放出去，傳染給每一個需要快樂的人，要懂得讓所有的人都感受到你所傳達的快樂。我們需要找一個傾聽的觀眾，需要找一個可以分擔情緒的人，如果你有一叢桃花，那麼就應該讓它開在別人的眼中，而不

是開在自己寂寞的心裡，如果你有一簾幽夢，那麼就應該讓它裝飾別人的
好夢，而不是成為漫漫長夜中獨自一人的回想。要知道一個人的痛苦往往
是塵世間最大的痛苦，而一個人的幸福，即便再快樂，那也是世間最寂寞
的幸福！

　　你的幸福快樂寂寞嗎？

少一點預設的期待，那份對人的關懷會更自在

　　當我們為別人付出的時候，總是在不經意間強迫別人按照自己的意願行事。上司希望下屬做出更出色的業績，父母希望孩子考到更高的分數，情侶希望在對方的心裡自己是唯一，社會輿論和媒體要求名人完美無瑕。我們無時無刻不在期待別人做得更好一些，然而，我們是誰？你是誰？凌駕在別人之上的領導者，還是掌控一切遊戲規則的操縱者，你的愛和關懷是否足夠真心實意，你的愛是否表達得足夠正確？

　　做人不要總是對別人抱有太高的期望，不要總是將太多的欲望強加在別人身上，哪怕你非常愛他，可是愛不是強迫，那些加諸於人的觀念事物只會破壞這份愛，只會傷害原本真實真誠的感情。很多時候你覺得自己付出了那麼多，就理所應當地收回更多的利益，事實上，你在算一筆帳，你是一個徹徹底底的投資者，你在乎的也許只是你的名聲、財富，所以你無法容忍別人的失敗，無法容忍自己的心血到頭來一無所獲。可是當我們付出的時候，難道就一定是為了得到相應的回報嗎？你若將別人的回報當成衡量對方感情的標準，最終傷害的不僅是別人，也包括你自己。

　　事實上，期望越高往往失望越大，而且你過高的期待很可能會對別人造成很大的壓力，如果你真的愛他、關懷他，那麼就要更加淡然地看待他的成

功或者失敗，就要盡量少給對方一點壓力。你更加寬容地看待別人，這份關愛才是最真切最難能可貴的。做人做事，凡事順其自然，沒有必要為別人設定一個門檻，也沒有必要期待任何人為了你的期望而做出什麼改變。

有個小和尚做夢都想成為像師父那樣受人尊敬且佛法高深的高僧，所以他總是寸步不離地跟在師父身邊，希望能夠學習更多修行的法門。小和尚為人勤奮，而且很有慧根，對於佛學的領悟能力非常好，很多同門師兄弟都對他讚譽有加，唯獨師父卻從來不曾誇獎過半句，也不曾對他提過什麼要求。

有一次，小和尚忍不住問道：「師父，你是不是覺得我不適合修佛？」師父搖搖頭說：「我覺得你很有慧根，可以說具有很深的佛緣。」小和尚聽了很高興，接著說：「昔日佛陀規勸弟子們當人人修得正果，難道你對我沒什麼期望嗎？你不希望我成為得道高僧，不希望我修成正果嗎？」師父笑了笑，什麼也沒有說，只是領著小和尚來到庭院之中，然後指著兩棵高低相差很大的樹說：「你看看這兩棵樹，他們都是為師十幾年前同時種植下去的，可是為什麼在同樣的生長環境中會出現如此巨大的差別？」

小和尚撓撓頭表示不解，師父解釋說：「十幾年前，為師總是精心照顧其中的一棵樹，期望自己培養的樹可以比自然生長的樹長得更好一些，但事實上，我看重的那棵樹現在遠不如另一棵樹長得好。」小和尚頓時若有所悟，說：「多謝師父的教誨，看來是我自己弄錯了，我想修佛原本修的就是自然心，就像樹木的天生天養一樣，一切強加的美好願望只會適得其反。」師父微微一笑，轉身離開了。

生活就應該順其自然，我們不應該再強加一些額外的東西，更不能將這些東西強加到別人的身上。無論對方做什麼，只要對他認為是值得的，是對的，做得很開心，我們就應該送上自己誠摯的祝福，而不是憑藉自己的意願

去橫加指責。如果你的愛情很幸福很浪漫，你的婚姻生活家庭生活很美好，那麼就沒有必要為了房子、車子、昂貴的珠寶、漂亮的衣服或者是高級香水而讓自己或者另一半疲於奔命，給自己和他一個自由的空間，你們的愛情才會長長久久，幸福才能永遠相伴。你希望自己的孩子每次考試都考一百分，為了這一百分，他失去了和同伴們踢球的機會，失去了看最喜歡的卡通的機會，他變得越來越沉默，你已經好久沒聽見他開心的笑聲了，你用自己的要求，將活潑可愛的孩子變成了暮氣沉沉的「小老頭」，這一切都是你希望看到的嗎？你投注那麼多的關心，不就是希望他們一切都好嗎？可是最終的結局是怎麼樣的呢？一切都與你的想法背道而馳，你找到原因了嗎？如果你愛自己的孩子，那麼當他考試失敗的時候，鼓勵他下次取得進步就可以，沒有必要非得設定一個具體的考核標準。如果你愛自己的另一半，那麼無論對方經濟狀況如何，你只要送上真心的鼓舞與支持，而不是每天的冷嘲熱諷和無度的索求。如果你在乎自己的下屬，那麼就要懂得尊重對方所做的每一份努力，就要懂得尊重他的每一個業績。其實很多時候，無論別人做得好與不好，你只需站在一旁默默支持，默默鼓勵，這就足夠了。

生活有不可承受之重，為什麼不試著放下心中的包袱呢？為什麼不試著給別人更多自由空間？我們應該抱著更開放更寬容的態度來面對自己身邊的人，要更加釋然地看待生活，不要總是對生活抱有太高的期望，哪怕你是以愛之名？其實對生活的期許低一點，我們的人生才不會有那麼多的煩惱，我們的快樂才更容易得到滿足。幸福有時候真的很簡單，只要你所關心的人過得快樂，你就會快樂；只要你所愛的人過得幸福，你也就過得幸福，如果以你的高標準來衡量別人的幸福，那麼這份愛未免太過牽強太過沉重了，你承受不起，你身邊的人同樣承受不起。

抱著貪便宜的心一定會吃大苦頭

曾經聽過一個非常有趣的故事，鄉下的一個男子，因為牙齒壞了，來到街上找醫師拔牙。他問道：拔掉一顆牙需要多少錢？牙醫說：拔一顆牙的費用是 200 元，拔兩顆牙 350 元。男子想自己難得來一次集市，拔掉一顆牙 200 元，拔兩棵便宜 25 元，算起來非常划算，於是他就決定拔掉兩顆牙齒

乍聽起來，男子好像是占到了便宜，拔了兩顆牙才花了 350 元，可是他的那顆牙本來就是好的，不需要拔掉的，所以他貪便宜的結果是不僅多花了 150 元，還拔掉了一顆好牙，你說，他這是占了便宜還是吃了大虧呢？牙齒壞了，他卻貪便宜多拔了一顆好牙，他這是真的占到便宜了嗎？

佛經裡面也有這樣一個寓言故事，從前有一個老人有七個兒子，有一個不幸去世了，屍體便停放在屋中。因為屋子裡放著一具屍體，大家都覺得不是很方便，所以老頭子就對全家人說，我們搬出去住吧！免得大家看到屍體傷心流淚而且不方便。鄰人看見他們搬東西便問：「你們怎麼突然搬家呢？」老人說，因為屋子裡面有屍體讓我們感到心痛而且不方便，所以我們決定換一個地方住。鄰居問：「那你們為什麼不把屍體搬出去埋葬呢？」這個老人才恍然。那怎樣才可以將屍體運出去呢？老頭思索了半

天，正好見到一個人挑著擔子經過，於是說：用扁擔挑出去豈不是很方便？可是用擔子挑，擔子兩邊的重量基本上要相同，怎麼辦呢？於是老頭決定再殺一個兒子，這樣兩邊的重量就一樣了。

這個寓言故事的寓意是，在這世上有很多莽撞的人，只顧自己眼前很少的利益，而將未來美好的前程失去，譬如一個學佛的人，最基本的就是遵守五戒清規。萬一不小心犯了哪一條清規，應該及時懺悔，多做善事消除罪惡。可是很多人隱藏自己的惡業，不讓人知道，還覺得自己聰明，若要懺悔，不如多犯幾次再懺悔，這樣豈不是更好？這與殺子成擔又有什麼不同呢？

不遭遇逆境，不經歷苦難的人，無法體會人生中的痛苦，也不知覺悟，在逆境之中，或飽嘗人世之苦，才想行善積德，但是有沒有辦法擺脫人世上的幾種欲念。想再享幾年世間的幸福快樂再去修德積福。一年又一年的想要修行而又畏懼吃苦，一直過著舒適的生活，又希望自己得到上天的眷顧，獲得什麼祕訣。想著自己不費神勞力就有很多的功德。所以有些騙人者蠱惑人心，而謠傳有得道修福的祕訣，達到自己的目的。其實這是在將人引入邪道。

曾經有一個窮困潦倒的人，家裡只剩一條長凳，他每天不得不在長凳上進行休息。但這個人非常的吝嗇，他知道自己這個毛病不好，但就是改不了。

他向佛祖祈禱：「若是我可以發財，我必定改掉吝嗇的毛病。」

佛祖有憐憫之心，便給了他一個袋子，說：「這個袋子中有一枚金幣，當你將金幣拿到手裡時，袋子裡還會再出現一個，但是當你想要去花錢的時候，只有將手上的錢袋扔掉才可以花錢。」

於是那個窮人便不斷向外拿金幣，一整晚都沒有睡覺，地上到處都堆滿了金幣，這些金幣已經夠他花幾輩子的了。他的肚子很餓，想拿些金幣去買食物，可一想到要花錢就要先扔掉錢袋，他又很捨不得。

他的心裡總是在在念著：「我不能扔袋子，錢還不夠，再多一些我就會扔掉袋子！」

到了最後，他已經沒有力氣將手伸到袋子裡面去了，但他還是抓著袋子不放手，終於死在了錢袋旁邊，只剩下一地金幣。

在生活中，有些人總是因為一些眼前的小利，與別人發生爭執，而忽視未來的利益，執著於貪念之中，必然會被一些別有用心的人利用。金錢並不是罪惡的化身，真正的罪惡是那些執著於物欲追求的貪念。

急流勇退，能放下便坦然

2,300 年前，亞歷山大大帝（Alexander the Great）率領著自己的馬其頓勇士，登上了「上帝之巔」── 興都庫什山，站在山頂上，他俯瞰著腳下的大好河山，看著那些臣服在自己腳下的國家：希臘、埃及、敘利亞、亞述、波斯、巴比倫、印度等等，可是當他的頭轉向東方時，卻第一次感覺到了人生從未有過的寂寞和困頓，他疲倦了，也感覺到了恐懼，因為他發現自己腳下的土地並不是自己熟悉的故土，他終究還是走得太遠了……可是，這一點點的寂寞對正在豪情萬丈、志得意滿的亞歷山大大帝來說，只是一個小小的漣漪，激不起任何浪花。他繼續東征，打算征服阿拉伯，甚至是波斯帝國。可是沒多久他就去世了，而且因為他沒有指定繼承人，他辛苦建立起來的亞歷山大帝國也被瓜分。

當一個人的事業發展到了頂峰，讓他急流勇退，恐怕比什麼都難，因為沒有人願意把自己辛辛苦苦創造出來的事業交給別人去享受。人在頂峰，往往志得意滿，躊躇滿志，便失去了平日的機敏，也容易被表面現象所迷惑，卻不知，危險正在一步步降臨。從中國歷史中，我們知道很多開國皇帝坐上龍椅之後會大開殺戒，誅殺與自己一起打拚江山的功臣，因為這些人手握兵權，功高震主，有這些人在，皇帝的龍椅豈會坐得踏實。更

可悲的是，這些曾經浴血沙場，帷幄籌謀的重臣，在勝利的曙光裡，已早早忘了「功高震主」、「臥榻之側豈容他人鼾睡」那些血的教訓。他們的眼裡，只有享不盡的榮華富貴和權力，當皇帝的寶劍刺到眼前時，他們才醒悟，後悔自己為何不早早離去，但一切都晚了。

不過，這世界上也有聰明之人，亂世時幫君王出謀劃策，治世後功成身退，例如范蠡、張良、曾國藩等，只是這樣的人，在歷史上少之又少。

古人如此，現代人又何嘗不是如此，成功的來之不易，更讓我們想把得到的一切緊緊握在手裡，但高處不勝寒，站得越高，你所面臨的挑戰和威脅也就越大。經過一番打拚，你的體力和耐力都有了很大的損耗，而新生的力量卻源源不斷，你爭得了一個，卻爭不過無數個，與其讓自己勞心勞力，反倒不如輕鬆地放下，在家陪陪妻子，享受天倫之樂。

一位女歌手曾經紅極一時，她演唱過許多經典歌曲，在各地都獲得了許多獎項可是就當她站在人生最巔峰的時候，卻突然決定出家，放下了半生打拚而來的名利和財富，從此布衣素食，青燈古佛。很多人對此很不理解，這樣一個處在大好年華且事業有成的人為什麼願意放下一切出家。對此她卻很釋然，她說自己其實早就厭倦了娛樂生活的浮華和爭鬥，早就厭倦了虛名浮利為自己帶來的各種困擾，她渴望一個更加寧靜祥和的生活。於是，她將所有的一切都留給了演藝圈，將一切都留給了還在演藝圈打拚的新人，安然抽身。

其實，哪怕不是出家，她也會是一個心地澄明的人，會過普通人最想要過的生活，會遠離繁華喧囂的環境，會享受片刻的寧靜，會在乎日月星辰，會享受山風朝露。只不過她解脫得更加徹底，更加決絕，她將塵世間一切的一切都悄然放下，為自己修得後半生的福緣福報。更重要的是，她

希望在佛學中將自己度化到更高的人生境界，希望尋找到更多的人生意義，而她這驚世駭俗的一退，實際上已然是對自己的一種超越，也比其他人不知高出了多少境界。

「我想要過自己的生活，可是我離不開那些牽絆和困擾。」很多時候我們都會用這樣的理由來為自己辯駁，似乎人在江湖，身不由己，但實際一切上都取決於自己的心。你心中空無一物，澄明萬里，那就沒什麼是放不下的。所以說，不是我們放不下，而是我們根本沒想過要放下。

很多時候，我們只懂得用力，卻沒有學會如何去收力，這樣自然就不能做到收放自如，收放自如，能進能退，這是一種處世的智慧。做人要懂得見好就收，你的心包容不了那麼多東西，你的人生也不需要那麼多東西來裝點，人生恰如海上行舟，你裝的東西太多，那麼就注定要面臨沉船的危險。做人要能進能退，該進的時候要不遺餘力地進取，該退的時候則要坦然地退下來。俗世之中的名利高位，沒有什麼可值得留戀的，你想得到更多，你想占有的時間更長，這就是貪，就是執著，而貪是一種錯，執著也是一種錯。

一位禪師名滿天下之後，突然決定隱居山林，不再在世間走動，弟子們非常不解，覺得師傅應該四處雲遊，宣揚佛法，將佛發揚光大。禪師說：「我如今已經名揚四海，人人都知道我，就連王公貴族也邀請我開壇講佛，那我等於入世，可是出家人最終的目的是為了出世，看來我的修行還不夠，所以準備真正出世。」

入世容易出世很難，因為入世人心中有了罣礙，那麼也就無法坦然放下一切了，可是人生富貴名利終究有時盡，如果你足夠成功了，享受到了足夠的成就感和光榮，不久之後也將失去，既然如此，那麼為何不坦然地

放下一切，為別人留下更多發展的機會？你需要將塵世的所得及時拋入塵世之中，放下退下，你才可以守著自己的窗臺，守著自己的春花秋實，守著自己的清風朗月，守著自己的原野山林，守著自己平凡的幸福生活。其實，放下心中的包袱，不僅是把機會留給他人，也是把最穩妥的幸福留給自己。

也許每個人心中都有亞歷山大大帝的夢想，也許每個人心中都有一座興都庫什山，如果有一天你真的登上了頂峰，也許該捫心自問一下，自己是否過得快樂，自己是否還有必要去翻越更多的山，自己是否還要擊敗更多的競爭對手。其實，只有坦然放下，我們才能夠輕裝前行，才能夠創造更愜意的人生；只有釋然退下來，將繁華世界留給別人，將紛擾人生拋在身後，我們才能比原來站得更高，看得更遠。

愛出者愛返，福往者福來

「愛出者愛返，福往者福來。」這句話的意思是說，愛好遠行的人無時無刻不在眷戀著故鄉，而愛給予的人一定可以得到別人更多的回報。

或許，我們見慣了老人摔倒無人扶，見慣了小偷偷錢無人管，見慣了各人自掃門前雪，不管他人瓦上霜，見慣了落井下石，痛打落水狗，我們的熱情便在這一次次的冷漠與被冷漠，欺騙與被欺騙中慢慢消磨，直到無影無蹤。我們從來沒有想過，假如有一天，跌倒在街頭的是自己的父母或者是自己，看著來來往往的人群冷漠的表情，你會不會後悔自己曾經同樣的冷漠；假如有一天，自己救急的錢被小偷竊走，那麼多雙眼睛眼睜睜地看著你用來救急的錢被小偷竊走，卻無人吭聲，你會不會後悔自己曾經同樣的沉默；假如有一天，你陷入了經濟危機，卻沒有一個朋友來幫助你，你是不是會後悔自己曾經同樣的無情。

世界就是這樣，當你還站在岸邊嘲笑落水者的時候，說不定下一個落水的人就是你自己，而當你冷漠地看著別人在水中拚死掙扎的時候，別人也會在岸上以同樣的冷漠看你。沙漠之中的一點綠洲，就足以維持沙漠中千千萬萬生命的繁衍生息；黑暗之中的星星之火，就足以點亮你心中的希望之路；萬物將萌發的心願交給了世界，世界就讓它們呈現出了盎然的生

機和蓬勃的朝氣，只要你願意將心中的愛釋放出來，願意將你所擁有的愛奉獻出來，你就會得到別人的愛的回贈；你將幸福與別人分享，帶給別人幸福，也一定可以得到幸福的恩寵。

書生的日子雖然不富裕，但是他擁有一個美麗、溫柔的妻子，和一個能夠滿足溫飽的工作，因此，他覺得自己很幸福。一天，書生來到湖邊，看到湖面上漂著一個人，他急忙划著木筏到了那人身邊。那人臉色蒼白，似在水中泡了很久，但自己一摸，書生感覺那人還有微弱的脈搏。書生趕忙叫岸邊的其他人來幫忙，將那人救回家中，並請醫生為其看病。還好，那人只是溺水，並沒有大的疾病。那人很快甦醒了過來，但由於身體虛弱，還不能動，便在書生家休養。期間，書生和妻子對那人就像自己的親人一樣，熬藥、做飯，無微不至。但那個人自從醒來後什麼話也不說，只告訴書生自己的名字，書生便也不問。

過了幾天，那人的身體恢復了健康，便向學者夫婦道謝告辭，說要回家。

三年後的某一天，書生的妻子上街買東西，被當地的一個惡霸看中，非要娶為第七房小妾，書生的妻子寧死不從，惡霸便捏造罪名，誣陷書生，企圖逼迫書生將妻子獻出。正巧，這個案子被一個大官接手，大官根據案子中的一些疑點，很快便使案情水落石出，惡霸被抓入大牢，書生夫婦當場釋放。這時，書生夫婦才知道為自己洗刷冤屈的原來是那個曾經落水被自己所救的人。

可能你付出的愛很小，也可能你分享的福不被人認可，但是，你付出和分享的對象是非常滿足的，他們因你而感覺到了生命的精彩之處，感覺到了生命的可貴之處，在這種感覺下，能夠將世界變得更加和諧、美好。

　　當然，當別人為我們付出時，我們更要懂得回報別人的付出，這種回報不一定是物質上的，但一聲真誠的「謝謝」，會讓付出的人備感開心，也才能讓付出有意義，否則，當別人感覺自己的付出沒有任何意義的時候，就沒有人願意再為別人而付出，我們的社會也變失去了溫暖。

　　一位農民不畏嚴寒，跳入水中救起了好幾名出車禍的落水者，事後，他因此染上了疾病。後來他不斷求救，在他寫給地方政府的信中有這樣一句話：「我救了這麼多條人命，現在求政府救我。」無奈的無奈，沒有經過媒體報導追捧的英雄幾乎只能默默痛苦地終老？

　　農民走了，沒帶走一個人的微笑，他救的那些人至今不知奔波在何處。

　　他走了，沒感受到社會的回報，那些冷眼看社會的人，將又如何奉獻自己的行動和愛心。在一個沒有回報的社會，連流動的空氣都是冷的。在一個只有付出的社會，連人們的夢想都是那麼地蒼白無力。

　　家有萬金，不能入不敷出，地有萬頃，不能只種不收。付出之後，回報是鼓勵人們希望存在的最終目標，回報的存在，也是鼓勵人們不斷付出的動力。試想，玄奘如果不是對宗教的渴求解讀，那是什麼目標激勵他寸步量萬丈？試想，哥倫布（Christopher Columbus）如果不是對財富的追求，那是什麼目標激勵他探索未知？甚至於現在，人類如果不是渴求外太空資源，又如何頻頻向太空、向木星、土星頻送「秋波」？如果不求回報，那麼人類之舉豈不是迂腐之極？回報是付出的目標激勵，也是付出行為的動力。

　　愛是人類生活中一個永恆的主題，為愛付出而不要回報的人，為的是一個「情」字，為愛而選擇回報的人，為的是一個「恩」字，有情，有恩，才有愛。

　　如果你深愛生活，用心去感悟，就會發現：這世界，雖有大奸大惡，但依然是美好多於邪惡。只要你真心去贈予，你贈予的同時，他人也在贈予你；只要你真誠地回報，你回報的同時，他人也在回報你。只是，贈予的時候，不要心存功利，不要太多盼望，就像春風拂面，春風是快樂的，你也是快樂的。只是，回報的時候，不要超越承受，不要敷衍了事，應如秋果飄香，秋果是甜蜜的，他人也是甜蜜的。

君子應成人之美

《論語·顏淵》中這樣說：「君子成人之美，不成人之惡。」

孔子說：「仁德之人，想要自己有建樹、有成就，就要幫助別人有建樹、有成就想要自己發達、顯貴，就應當幫助別人也發達、顯貴。」

在儒家的道德思想中，往往將「成人之美」看成是處理人際關係的重要原則，從而主張「立人達人」。很多人在成功之前，都是默默無名的小輩，並不是任何人都能有一個位高權重、或者人脈廣泛的父母、導師，或許在你夢想中的地方，有許多的機會，但你並不知道，就算你知道了，以你目前的地位或者是身分，想要的是遙不可及。或許這個時候，只要能有人幫你寫一封推薦信，你就會輕輕鬆鬆的站在那個你曾經夢寐以求的地方。

曾經的諸葛亮雖然也是賢名在外，但如果沒有徐庶的推薦，他或許只能是一條閒居山野，終老一生的「臥龍」，而不會飛龍在天；曾經的孔傑雖然天資聰穎，但如果沒有聶衛平的推薦，他或許只能站在棋院前望棋哀嘆；韓信儘管滿腹謀略，但如果沒有蕭何的推薦，他或許只能是個平凡的軍事愛好者；管仲儘管具有治國之才，但如果沒有鮑叔牙的推薦，或許他早已淪為階下之囚……那個站在後面幫助別人成功的人，我們稱之為「君子」，「君子成人之美」，「君子」「立人達人」。

　　著名音樂家李斯特（Liszt Ferenc）知道蕭邦（Frederic Chopin）是個非常有才華的音樂人，但是苦於沒有機會被公眾認可，一次音樂會上，李斯特想到了一個讓眾人認識蕭邦的主意，他看到，音樂會在進行的過程中，所有的燈光都會熄滅，這樣一來，誰都不能看到是誰在演奏，於是，演奏會進行一半的時候，他讓蕭邦代替自己，演奏完畢後，燈光亮起來了，觀眾們看到了蕭邦，為演奏新星鼓起了熱烈的掌聲。

　　李斯特和蕭邦同為音樂人，卻並沒有因為蕭邦的才華而嫉妒蕭邦，阻擋他的前行道路，打壓蕭邦。反而想盡辦法讓蕭邦得到音樂界、觀眾的認可。這兩個人在音樂界都取得了不朽的成就，並且依靠自己獨特的音樂才華，成為音樂界泰山北斗。

　　每個人都是與眾不同的，每個人的稟賦各異，當有人需要你的時候，需要分享你的智慧，不妨傳道授業，助人成功，因為先付出的人是可貴的。

　　不計後果為他人付出一切，是猶太人判斷、衡量一個人的標準。猶太人將付出看得非常重要，很多猶太人都認為，財富是用來行善的。

　　有個人在黑夜外出，那天還是陰天，月亮也沒有出來，外面黑的伸手不見五指，這時，那個突然看到前方有個猶太人正提著燈籠為過往的人照亮，走進一看才知道，那個猶太人是個瞎子。

　　於是，這個人問猶太人：「你提著燈籠也看不到東西啊，為什麼要多此一舉呢？」猶太盲人說：「我深知看不到光走路的困難，所以每天晚上都會提著燈籠在這裡為路人照亮。」

　　自己看不到，卻還能提著燈籠為別人照亮，這種無私的付出感動著很多人，其實，他大可不必這樣，即便有人從自己家門口路過又怎樣，反正

自己看不到，點著燈籠不過是浪費燭火，但猶太人卻不這樣想，他更多地想自己如何為別人付出，讓別人前行的道路更加光明。

　　成功其實是多元化的，不要一味地將自己的成功看成成功，將別人的成功看成障礙，應當盡全力去幫助別人走向成功，將別人的成功看成是自己的成功，只有這樣，別人成功的時候，你才能感受到快樂，內心才能被快樂薰染，心靈也會因此得到解脫。反之，不能助人為樂，不懂得付出的人，不但不會幫助需要幫助的人，還在別人成功之時心生嫉妒，無法享受到生活中的快樂。

第三章

別總盯著外界，幸福在你自己身上

看別人不滿，首先是自己修養不夠

　　美國神經內科醫生華特‧弗里曼（Walter Freeman）發現，由感官刺激引起的神經活動在大腦皮質中消失了。這意味著我們的大腦從外界接受資訊，然後又拋棄掉它們中的大部分，只使用其中一小部分來建立一個內心世界；愛代替外表外界的世界。

　　這樣，我們好像戴著一副看不見的鏡片在看世界，鏡片過濾掉大部分的東西，我們透過自己的內心來填充這個世界，就好像你填充字母一樣。

　　因為這樣，我們往往在看別人的時候，總是無限大地放大別人的缺點和不足，而在看自己的時候，卻總是將自己的缺點封鎖，優點放大。所以在我們眼中，別人總是滿臉的「斑點，自己卻完美無缺。

　　可是我們不知道，眼睛也會騙人，眼睛看到的不一定都是真的，當你的眼睛蒙上了灰塵，你眼中的世界便會滿是汙點。

　　有個女人殺死了自己的丈夫，被判處死刑。行刑那天，刑場周圍人山人海，人人都想看看這個殺死自己丈夫的女人是多麼惡毒，多麼醜惡。在他們的心裡，一個好女人是不管怎麼樣都不會殺死自己的丈夫的，這樣一個女人，只配下地獄。在人們義憤填膺的咒罵聲中，女人被押到了刑場，人們紛紛扔出手中的雞蛋，爛菜葉，爛鞋等，來抒發自己對女人的憤怒。

這時，一個老僧帶著徒弟經過刑場，他看到這幅情景，什麼都沒說，而是從路邊的茶鋪裡討了一碗水，上前送給女人。

看到老僧的舉動，人們紛紛指責老僧身為出家人，卻善惡不分，竟然同情一個殺死自己丈夫的女人。老僧的徒弟趕緊將老僧拉出人群。

徒弟問老僧：「師傅，這樣一個女犯人，你為什麼還要給她水喝呢，我聽別人說這個人很壞，師傅沒有必要管她的。」老僧告誡徒弟道：「無論善惡，在出家人看來不都是一樣的嗎？我們怎麼能夠有分別心呢？還有就是，我們根本不了解發生了什麼事，不了解那位女施主犯了什麼罪，也不了解她為什麼犯罪，怎麼就能夠妄加評論呢？你看到他人身上有惡，但其實惡在自己心中。」徒弟聽後羞愧地低下了頭，不再言語。

在事實真相未明朗之前，我們不要輕易發表自己的看法，不要總是急於表達自己的不滿情緒，先要看看自己是否足夠平和，是否足夠公正，是否能夠摒除心裡的干擾。我們不能總是抱怨別人的不是，不要總是將矛頭對準別人，很多時候，問題根本不出在別人身上，而是出現在我們自己這邊。你的心中不能容人，你的氣量不夠大，你的心胸不夠寬廣博大，你的修養不夠高，那麼無論對方是誰，無論對方做什麼，都難以讓你另眼相看。所以佛家說每一次看人實際上都是在看自己，你將別人貶得越低，就等於將自己的人格貶得越低，你覺得對方一無是處，恰恰證明自己一無是處。

其實，我們往往帶著有色的眼鏡去看待別人，自己認為好的就絕對是好的，自己不喜歡的就肯定是壞的，我們憑著自己的直覺和情緒去評判別人的好壞，所以所得到的答案其實就是心靈的真實反應。你心裡怎麼想的，你就會如何去看，你心裡乾不乾淨，你的世界也就乾不乾淨。當一個

人主觀地控制自己的情緒，控制自己的世界觀，他的心中根本沒有所謂的是非標準，沒有什麼所謂的客觀評判，他所看到的一切邪惡，實際上很可能就是心中的邪惡，他所看到的一切扭曲，實際上都是自己心靈上的扭曲，他所見到的一切不完美，實際上都是心中的缺陷。

我們的眼中容不下沙子，可是別人往往並不是沙子，真正的沙子在我們自己心中。我們自己有心理疾病，有障礙，所以我們無法容忍別人，我們看不慣別人的所作所為，我們將對方所做的一切都視為一種錯誤。一個人越是抱怨別人，對別人越是表示不滿，那麼他的內心就越是狹隘，他的修養就越是低下，他的世界觀就越是扭曲。當他以是非善惡之心來評判別人的時候，實際上恰恰是自己是非善惡不分。

有人說你心中的世界是怎樣的，你眼中的世界就會怎樣，我們以善良的心來看世界，世界就充滿愛和正義；我們攜著惡念來看待世界，這個世界就是惡的；我們用抱怨的眼神看待世界，這個世界就是不公平的。生活的美與醜，關鍵在於你內心的美與醜，你的眼中摻雜了多少雜質，你的心裡存在多少業障，你眼中的世界，你眼裡的人就會多麼的灰暗。有時候，你眼中所看到的世界並不是真實的世界，你眼中所認識的人也並不一定就是他的真實本相，所以佛家主張用無明的心來識人，來看待世界。只有拋去自己主觀上的惡念，只有拋去內心的干擾，我們才能真正認清別人的真面目，才能認識這個世界的本質。

說是非者即「是非人」，堵住自己的悠悠口

《菜根譚》云：「十語九中未必稱奇，一語不中，則愆尤駢集；十謀九成未必歸功，一謀不成則訾議叢興。君子所以寧默毋躁、寧拙毋巧。」意思說，即使十句話能說對九句也未必有人稱讚你，但是假如你說錯了一句話就會遭受人的指責；即使十次計謀你有九次成功也未必得到獎勵，可是其中只要有一次計謀失敗，埋怨和責難之聲就會紛紛到來。所以有修養的君子寧可沉默寡言，不是經過深思熟慮的話不隨便亂說；表情絕不衝動急躁，做事寧可顯得笨拙一些，絕對不能自作聰明而害人害己。

言多必失，這是自古就流傳下來的一句真理。在為人處世上，最關鍵的環節就是人與人之間的交流，而在交流上並不是說和任何人都可以信口開河，想說什麼就說什麼，就像自己跟自己說話一樣，而是要講究語言的交流方式，尤其是與人之間的關係更加複雜化，人們的心理活動越來越不可捉摸，所以往往有的時候，如果我們有一句話說錯了，就會在不知不覺中為自己招來了後患，所以說話注意要方式和場合，尤其是要注意與自己說話的對象，就是相交最深的知己，甚至是夫妻之間，也不是可以肆無忌憚，也應該要有一定的分寸，更何況對別人呢。

一天，一個人急急忙忙地跑到某位哲人那，說：「我有個消息要告訴你……」

「等一等，」哲人打斷了他的話，「你要告訴我的消息，用三個篩子篩過了嗎？」

「三個篩子？哪三個篩子？」

那人不解的問。

「第一個篩子叫真實。你要告訴我的消息確實是真的嗎？」

「不知道，我是從街上聽來的。」

「現在再用第二個篩子審查吧，」哲人接著說，「你要告訴我的消息就算不是真實的，也應該是善意的吧。」

那人躊躇地回答：「不，剛好相反……」

哲人再次打斷他的話：「那麼我們再用第三個篩子，請問，使你如此激動的消息很重要嗎？」

「並不怎麼重要。」那人不好意思地回答。

有時候我們著急告訴別人的事情，也像這個人要告訴哲人的消息一樣對人對已毫無益處，如果我們先用「真實、善意、重要」這三個篩子篩一下我們要說的話，我們就會發現，很多話其實根本不必說，也不用說。什麼樣的話可以說，什麼樣的話不能說，每個人的心中都應該有一個原則與標準，一個喋喋不休的人很容易招人厭煩，一個言語不當、惡語相加的人更容易招人怨恨，甚至報復。

語言本身就是一把雙刃劍，可以用來跟人交流，也可以作為互相傷害的工具。東漢王充寫的《論衡》中有一篇叫〈言毒〉，講天地世間有各式各樣的毒，「人中諸毒，一身死之。中於口舌，一國潰亂。……故君子不畏

虎，獨畏讒夫之口。讒夫之口，為毒大矣！」當言論失去控制，變成殺人的利器，不但個人深受其害，連國家也為之動亂。可見「言毒」殺上力之大。

而一個懂得管住自己的嘴的人，不但能夠獲得他人的尊重，也會做出一番傲人的成績。例如曾國藩，人常說曾國藩說話語遲，別人在那裡高談闊論的時候，他往往一言不發，但不露自威。曾國藩曾經叮囑自己的兒子：「說話不要太快，與人答話的時候要沉吟片刻再說出下句，不要搶話。這樣，你說的每一句話會很中規中矩，擲地有聲。」所以，很多時候，你寧可讓自己顯得笨拙一點，也不要故作聰明，從而言不達意，叫人恥笑。

小劉從原公司跳槽之後，找到了一家各方面都不錯的公司，更重要的是新公司裡有一位同事小王是他大學時的同學，小劉非常高興，因為他認為有小王在這裡，對自己熟悉新的環境，盡快勝任工作有著很大的幫助，而且自己也不再孤單了。但事情並不像小劉想像的那樣順利，小王雖然表面上對小劉非常熱情，還主動介紹公司的同事給小劉認識，可是在工作上卻總是有意無意地暗中作梗，有時候甚至不是挑毛病，就是故意拖延工作，或者是故意提供他錯誤的資訊，使小劉走了許多彎路。

小劉不明所以，感到十分困惑，為了弄清楚發生了什麼事，小劉邀請小王去餐廳吃飯，可是小王拒絕。小劉沒辦法，只好請公司的另一位同事幫忙，才終於知道了，原來在十年以前，小劉在言語上得罪了小王，小王一直懷恨在心……

在現實生活中，如果只圖一時之快，不注意言語的輕重對錯，不考慮自己行為所帶來的後果，如此任性而為，往往會為自己帶來無盡的煩惱。因此，無論什麼時候，我們都應掌握好說話的分寸和行為的尺度，做到謹言慎行。

命運在自己手裡，不要寄託給他人

　　一個生活平庸的年輕人，對自己的人生沒有信心，經常出去找一些「半仙」算命，結果越算越沒有信心。他聽說山上寺廟裡有一位禪師十分厲害，有一天他便帶著對命運的疑問去拜訪禪師。

　　他問禪師：「大師，請您告訴我，這個世界上真的有命運嗎？」

　　「有的。」禪師回答。

　　「噢，這樣是不是就說明我命中注定窮困一生呢？」年輕人問。

　　禪師讓這個年輕人伸出他的左手，指著手掌對年輕人說：「你看清楚了嗎？這條橫線叫做愛情線，這條斜線叫做事業線，另外一條豎線就是生命線。」

　　然後禪師讓他自己做一個動作，把手慢慢握起來，握得緊緊的。

　　禪師問：「你說這幾根線在哪裡？」

　　年輕人迷惑地說：「在我手裡啊！」

　　「命運呢？」禪師又問。

　　年輕人終於恍然大悟，原來命運是掌握在自己手裡的。

　　「不要活在別人的嘴裡，不要活在別人的眼裡，自己的命運掌握在自己的手裡。」當然，再看看自己的拳頭，還會發現，你的生命線有一部分

還留在外面沒有抓住，在「上天」的手裡。成功者奮鬥的意義就是用其所有的努力換取「上天」手裡的那部分命運。

很多時候，我們總是哀嘆自己沒有一個像李嘉誠那樣的爸爸，可我們為什麼不想著做一個像李嘉誠那樣的兒子，讓父親以自己為豪呢？我們貧窮時，總是想著世界上要是真的有阿拉丁神燈就好了，一下子就可變成大富翁，卻從來沒有想過要靠自己的努力為自己賺得財富？我們看著臺上明星的光彩照人，總是想著自己要是也像他們該多好，可從來沒想過他們在臺下經過了怎樣的辛勤磨練？

一位作家曾經說過：「把希望寄託在別人身上意味著把失望留給自己。」任何人都不是別人生活的附屬品，任何人都不應該讓別人來掌控自己的命運，任何人都不能把所有的希望都寄託在別人身上，自己不去創造和把握，幸福就只會遠離自己。也許我們在短時間內可以找到寄託，可以尋找到一個安身之所，可以在別人的庇蔭下免於風雨侵蝕，可是有一天別人撤去他的雙手，你該怎麼辦，你還能依靠誰。魯迅在談論易卜生（Henrik Johan Ibsen）的《玩偶之家》（*A Doll's House*）時，曾經提出了一個重要的命題：娜拉出走之後會怎樣。魯迅一陣見血地指出娜拉根本不可能一個人在外面生存下去，因為她沒有經濟支撐，她的生活和命運被掌控在丈夫、家庭的手中，她沒有能夠將命運控制在自己手中，所以她的命運最終只能受人擺布。

生活需要我們學會獨立，幸福也是獨立的，沒有誰能夠真正改變你的命運，沒有誰能夠真正帶給你幸福，你自己不懂得去創造，不懂得去把握，那麼即便你的生活條件再好，也不會覺得快樂。只有自己創造出來的幸福才是真正穩定的幸福，只有自己掌控的命運，我們才有機會去改變

它，別人不能決定什麼，也不應該為你決定什麼，我們也不應該成為他人的傀儡。其實，掌握命運就像放風箏一樣，無論風箏飛得多高多遠，束縛它的那根長線始終要控制在自己手中，你才是幕後那個調控者和放飛者，一旦你選擇鬆手，一旦交出控制權，那麼你的風箏即便飛得再高再遠也無濟於事，因為此時它已經不再屬於你，而且它飛得越高遠，也就離你越遠。

我們常常說命運由我不由天，常常主張自力更生，主張靠自己養活自己，但是一到了打拚的時刻，我們就總是喜歡走一些捷徑，喜歡想一些更容易成功的方法，所以經常會把希望寄託在別人身上，覺得自己什麼也不去做而把命運交付到別人手上，這樣反而更好更省事。孩子們希望自己的父母可以幫助自己架橋鋪路；失意人渴望遇見貴人，渴望對方可以讓他一朝就平步青雲；沒錢的人渴望嫁個有錢人，希望一夜之間就改變自己灰姑娘的命運；沒有地位的則渴望他日能夠一人得道，雞犬升天，沾一沾別人的喜氣。我們總是渴望別人施捨自己一點幸福，渴望別人來改變自己的命運，但是事實上每個人的命運都是需要靠自己來抓住的，你將希望寄託在別人身上，那麼無論你的夢想有多麼偉大多麼美好，最終可能只是一場海市蜃樓，始終都是要破滅的，最現實的做法就是將命運掌控在自己手中，讓自己去改變命運。

每個人的幸福都需要自己來創造，不要總是藉助外在的力量來改變自己的生活和命運，須知「我的命運我做主，我的幸福我做主」，我們自己才是人生最大的寄託，才是命運的實際掌控者。

自己做好了，才有權指責他人

　　孔夫子說：「己所不欲，勿施於人。」自己如果沒有做到的事情，那麼就沒有必要強加到別人身上去，但事實上，很多時候我們都是把挑剔的眼光放在別人身上，至於自己是否合格，我們根本不去考慮。正因為如此，我們在批評別人的時候，總是顯得底氣不足，總是缺乏足夠的說服力，總是會遇到對方的激烈反抗。

　　如果我們自己經常犯錯，那麼別人憑什麼來相信你的話，你又憑藉什麼去說服別人。如果自己能力不行，就不要抱怨別人能力不濟，只有自己做到了，才能有資格去說別人。做人做事，首先要做的就是做到問心無愧，只有先讓自己做到無可指摘，然後才能去挑剔別人身上的錯誤，只有先把自己武裝起來，為他人樹立好的榜樣，才有機會說別人的不是，這樣才能讓人心服口服。

　　父母在教育孩子的時候，總是會為孩子難以改正那些壞習慣而頭疼不已，但實際上真正的問題可能並不在孩子身上，關鍵在於父母沒能管教好，這種管教並不僅僅是言語上的告誡和束縛，更重要的是以身作則。父母沒有在孩子面前樹立好的榜樣，沒有改正自身的缺點，那麼試問又如何讓孩子信服呢？孩子們的生活經驗大部分來自父母，所以父母的一言一行

往往能夠影響和左右孩子的成長，如果父母們沒有意識到自己的缺點，沒有做好自己應該做的事，那麼很顯然孩子也會跟著犯錯，而且他們會覺得這是理所當然的，至於父母後來的教訓，他們自然也不會輕易聽進去。

夫妻吵架往往也是如此，我們總是單方面地抱怨自己的伴侶這不好那不好，可是卻從來沒有想過自己身上是否也存在那些毛病，自己是否也沒有盡到原有的責任？你將所有的過錯推到對方身上，你抓住對方的缺點不放，但事實上你自己又是否有足夠的說服力呢？任何一段感情出現問題，往往都是雙方都出現了問題，當我們在指責對方的同時，真的應該靜下心來分析一下自己到底在哪些方面做得不夠出色，自己到底有怎樣的缺陷，如果貿然就把槍口對準對方，那麼彼此之間的關係只會越鬧越僵。

生活就是如此，當你站在這頭嘲笑別人的時候，別人同時也站在另一邊嘲笑你，你笑別人荒唐滑稽，實際上別人可能也在笑你愚蠢。所以當你在指責別人不乾不淨的時候，就要記得看看自己身上是否一塵不染，看看自己真的是否毫無斑點汙漬；當你在指責別人一無是處的時候，要記得秤一秤自己的斤兩；當你在埋怨別人沒有為你付出的時候，你想一想自己什麼時候為別人付出過；當你指責別人小肚雞腸、心胸狹隘的時候，你可以先看看自己究竟有多少氣量。做人要有識人之心，更要有識己之心，了解自己才能去評價別人，千萬不要做出五十步笑一百步的傻事，更不要成為嘲笑鏡中人的昏庸之才。

其實，看到別人身上的缺點很容易，但是看見自己身上的缺點卻往往很難，古希臘的太陽神廟中有一句名言：「人啊，認識你自己。」真正能夠認識自我的人究竟又有多少呢？我們總是看著別人的不足，總是抱怨他人的不是，總是指責他人的無能，可是我們自己究竟扮演著什麼樣的角色

呢？天才，全能戰士，先知先覺的聖人，還是完美無瑕的天使？我們是否認識真正的自己，是否認真剖析過自己的能力有多少，自己的優勢是什麼，自己又有什麼缺點。

其實無論是什麼場合，我們都要做到及時反省自己，當別人沒有做好或者做錯某件事情時，你應該想一想自己是否可以做到，想一想自己是否可以做得比他更好。每個人都應該尋找一個對照組，我們自己往往也會是別人的對照組，當你準備指責別人不是的時候，就要檢視一下自己的言行，看看自己是否做得合格。

有個年輕人總是喜歡在大樹底下乘涼，不僅如此，他還常常在兩棵樹之間綁上一個吊床，來回搖晃著，然後舒舒服服地睡午覺。可是某一天，正當他迷迷糊糊地睡覺時，突然樹上面有鳥把糞便落到他身上。年輕人立刻跳起來，氣急敗壞地指著樹上的鳥大罵：「你這該死的畜生，難道沒見到糞便掉在我身上了嗎？」。這時候，有位老禪師恰巧經過這裡，看到年輕人非常生氣地站在那裡破口大罵，於是就上前勸阻。

年輕人根本聽不進去，覺得老禪師根本就是在多管閒事，何況這樣一隻小鳥根本不會妨礙出家人什麼事。他揚言要爬到樹上去趕走這些惱人的小鳥，好好出一口惡氣。老禪師見狀連忙苦口婆心地勸說：「施主萬萬不可。」年輕人看了一眼禪師，很不耐煩地說：「為什麼不行？難道我就活該在這裡淋鳥糞嗎？」

禪師於是讓年輕人看一看自己的手，年輕人發現自己的食指指著樹上的小鳥，大拇指朝著天空的方向，而另外三根手指正朝著自己。老禪師解釋說：「那根食指代表了你對小鳥的指責，大拇指則抱怨老天沒有給你運氣，而另外三根手指，你知道為什麼要指向自己嗎？因為當你埋怨和指

責別人時，實際上最應該做的是指責自己的不是。」年輕人聽說後一下子羞愧得無地自容，很快撤掉了綁在樹上的吊床，以後再也不到這裡來乘涼了。

在古希臘神話中，普羅米修斯（Prometheus）在人身上掛了兩個袋子，一個裝著別人的缺點，另一個裝著自己的缺點，他將裝有別人缺點的袋子掛在人的胸前，將另一個袋子掛在人的背後，結果我們常常只看到別人的缺點，而看不見自己的缺點。做人要懂得挖掘自己身上的不足，要時刻反省自己，不要一味把批判的目光放在別人身上。如果你是一株小草，那麼就不要嘲笑秧苗；如果你沒有大山的雄偉挺拔，就不要指責丘陵的低矮，如果你正在枯萎，就不要嘲笑草木的凋殘。我們不該總是把眼光放在別人身上，上帝創造出了不完美的別人，也同樣造出了不完美的你。

如果你還不夠了解自己，那麼生活就真的需要一面鏡子，這樣，當我們嘲笑別人臉上有灰塵時，就一定要先照照鏡子，然後記得擦乾淨自己的臉。

別人的腳印裡走不出自己路

　　現今有一個很流行的詞語，叫做「山寨」，通俗的意思就是盜版、仿冒、複製。我們身邊的山寨產品也是比比皆是我們身邊的山寨產品也屢見不鮮，例如各種仿冒外型或商標的商品，看著這些山寨品，很多人都被「雷到」了。

　　山寨商品多了，山寨人也慢慢多了起來，所謂的山寨人，就是只要是名人、成功人士的經驗、方法，不管對自己適不適用，都照抄過來，用在自己身上，這種人，是完全把自己當成了「小白鼠」。但他不明白，每個人的人生都是獨一無二的，前人的經驗我們可以借鑑，可以吸收其中的精華為己所用，但完全照抄，對自己來說則是有害無利。

　　愛因斯坦（Einstein Albert）死後，有位醫生切除了他部分大腦以作進一步研究，但是此舉招致很多人的不滿，認為這是對死者的不尊重，還有一些人諷刺說：「即便將愛因斯坦的大腦移植到別人身上，這個世界上也不會有第二個愛因斯坦了，也不會有人能夠獲得他那樣的成功了。」

　　同樣是一杯咖啡，有人品出的是苦澀，有的人品出的是浪漫，有的人品出的香氣四溢，有人品出的是寂寞，有的人品出的是歡快，你看著別人喝咖啡是一種享受，當你自己端起杯子時，也許更多的是痛苦。可見，人

生最需要的不是那些看起來最美的東西，而是那些最適合自己的東西，你覺得別人的鞋子很漂亮，搭得很好看，但是如果不合你的腳，那麼即便你得到了也是一無所用。

有個僧人非常崇拜一位禪師，為了得到這位禪師的教誨，他不遠千里來尋找禪師。一見到禪師，僧人便十分激動，虔誠地雙手合十，恭恭敬敬地向大師行禮。禪師還禮後，將僧人迎入草廬之中。

兩人坐定之後，僧人便與禪師談論佛學，禪師佛學根基深厚，口吐蓮花，僧人受益匪淺。僧人非常想拜他為師，修習佛法，但他聽說禪師從來不收弟子，他便不敢直接提出自己的要求。於是恭恭敬敬地說：「剛才聽了大師的話，簡直受用不已，大師的佛學如此高深，實在讓人拜服，我想大師一定是在修行極為高明的佛。」禪師聽後，微笑著說：「你我修的不是現世的佛嗎？我並沒有什麼特別的修行，不過是修些自己的佛而已，這並沒有什麼特別的。」

僧人卻以為這不過是禪師謙虛罷了：「既然大師修行的是你自己的佛，想來一定有不傳的修習祕術了？」禪師明白了僧人的目的，閉上了眼睛，沉默不語。

看見禪師的表情，僧人更加確定了自己的猜測，便不厭其煩，一遍遍的追問。禪師見狀，搖搖頭，站起身理也不理僧人，頭也不回的走了。僧人知道大師這是下了逐客令，只好無奈的離開了，看他的心裡卻對禪師不願意告訴他祕術而惱恨不已。

下山的時候，僧人得知山的附近還住著一位得道高僧，於是決定前去拜訪這位高僧。見到高僧，僧人將自己誠心求佛的事情告訴了老禪師，然後又提到讓自己一無所獲的禪師。當著高僧的面，僧人直接表達了自己對

禪師的不滿，他認為禪師是個自私、狹隘的人，將自己的「祕術」私藏起來，一點也不願意告訴別人。高僧見僧人越說越生氣，連連搖頭說：「我想你是錯怪了禪師啊！據我所知，禪師並沒有什麼特別的修行祕術。」

僧人爭辯說：「他親口告訴我有祕術，可就是不願意告訴我這祕術是什麼？」

高僧笑著說：「修佛的人修的是自己的佛，你處處向他人求取修行的法門，自然不能得道，禪師讓你離開，不過是希望你能修行自己的佛而已。」僧人一聽，這才知道自己冤杠了禪師，後悔不已，同時也對自己的氣量和修養感到愧疚。

在很多人的眼裡，別人家花園裡的玫瑰開得就是比自己家的嬌豔，所以千方百計的向人家求妙招，可是自己家花園的紫薇開得也很美，也有很多人豔羨，但他自己就是看不見。最終卻發現，得到了別人的妙招，自己種的玫瑰還是沒別人的好看。人生的路就像是種花一樣，別人的好方法，並非完全適合於你，取其精華來借鑑，然後走出自己的路，這樣的人生才是屬於你自己的。

我們需要了解自己所走的路，應該了解自己適合走什麼樣的路，不要跟著別人的腳印前進，不要總是覺得別人走過的路一定好走。這是你健全人生的一部分，你自己的理想，你自己的選擇，你自己的決定，你自己的思想，你自己的眼光，你自己要走的路，這些是你生活所需要的東西。對於生活而言，你正在做你自己，你正在塑造你自己的人生，而不是當一個無頭無腦的跟隨者，你應該有自己的活法，哪怕並不那麼突出，哪怕很糟糕，至少你也真正地為自己而活了，至少你也對自己的人生盡到了最基本的責任。

不要為外界誘惑，守住你的本心

在生活中，你是否經歷過這樣的情況：心裡清楚吸菸有害健康，但是卻因為吸菸所產生的傷害並不是立刻顯現出來，因而就不願意放棄一時的快感；心裡清楚只有努力學習才能獲得更多的快樂，但是因為不能放棄一時舒適的享受，而放棄緊張的學習。要抗拒某種立刻可以滿足的誘惑是非常困難的。

有一個這樣的寓言故事：有一天，八仙之中的呂洞賓下凡拯救眾生之苦，在路上看到一個小孩在不停的哭泣，他就問小孩：「你因何事傷心？」小孩說：「因為家中貧苦，沒有辦法奉養雙親。」

「我給你個金塊，你拿去奉養雙親，如何？」呂洞賓被孩子的孝心所感，隨手指了一指路邊的一塊石頭，那石頭立刻變成金塊。當大仙將金子遞給孩子的時候，竟然被拒絕了。

「你家裡很苦，為什麼不要金子呢？」呂洞賓很詫異。

孩子指著呂洞賓的手說：「我現在想要的是點石成金的手指。」

這則寓言並不是很長，但是很有現實意義。受飢餓所困的孩子看到了金子，激發了他心中的欲望，欲望讓他迷失了心智，居然放棄了金子，竟然想要點化金子的手指。由此可見，誘惑令人心智迷亂，讓人陷入歧途當中。

「誘惑」最早的解釋是在《淮南子》，「誘」的意思是先導，「惑」則是展示假象，就是要誘導人，讓人的認知離開原來的軌道，步入歧途。

人在世上，紅塵滾滾，色迷五內，目眩頭暈。可以這麼說，誘惑到處皆是，無處不有，人就處在誘惑的包圍之中；名氣誘惑、錢財誘惑、美色誘惑、美食誘惑，如此等等，各種誘惑俱全。凡此種種，都能引發世人的聯想，激發人的欲望，令你喪失理智，欲得之而後快。在誘惑面前，有的人選擇接受，而有些人選擇放棄。

名利，儘管很多人以清高的態度對它，甚至詛咒它，但它必然有奇妙的魅力所在。要不然，古往今來，不知多少人花費心血，在追求，在奔波。《史記·貨殖列傳》中講：「天下熙熙，皆為利來；天下攘攘，皆為利往。」相傳乾隆皇帝有一次微服私訪下江南，有一次在江邊眺望遠景，看見水面上船隻往來不絕，穿梭不斷。他於是問身邊的大臣，那幾百條船上的人在做什麼，他的大臣答道，他只見到兩隻船，一隻叫「名」，一隻叫「利」。可以想像名利對人有多大的誘惑，非是一般人可以拒絕誘惑的。許多有德的高僧以及名士可以拒絕名利的誘惑，可是隻有那些超脫物外的大人物懂得拒絕，可見有的人能放得下利，而很少有人放得下名。

歷史上的那些清官都有拒絕名利誘惑的德行，以自己品格的高尚為後世樹立拒絕誘惑的表率。西漢史學家司馬遷面對得勢的大將軍送來的潔白玉璧，說出了：「白璧最可貴之處是沒有汙點斑痕，物如此，人更應如此？……若是我將玉璧收下，我便有了汙點。」東漢的楊震在面對夜晚送重金的王密說：「天知、神知、我知、你知，何謂無知？」

社會形形色色，有很多吸引人的東西，金錢、美色、榮譽、官職、權位乃至房子、車子、美酒佳餚等等。而在西元前的四世紀，犬儒學派的哲

學家第歐根尼（Diogene）只有一身破爛的衣服，一條毯子，一個泥桶。一個征服者，國王亞歷山大去他住的地方去看望他，充滿同情地問道：「第歐根尼，我能為你做什麼呢？」這位樸素的智者回答：「能，站開吧，你擋住了陽光。」面對誘惑，這位樸素的修行者這樣回答，真是讓人吃驚而且新奇。面對種種誘惑，而有些人選擇了接納，還覺得不拒絕是理所應當的事情，貪官的落馬，總結教訓，都是在錢財美色的誘惑之下，思想動搖而沒有拒絕。

面對誘惑，如何才能約束自我呢？就是需要讓道心滲入生活之中，「入色界不被色染，入聲界不被聲惑，入香界不被香惑，入味界不被味惑，入觸界不被觸惑」，在汙穢當中保持著潔淨的心靈，出汙泥而不染。有人曾經問達摩大師到中國做什麼？他說：「尋一個不受人惑之人。」好一個不受惑之人！天下之大，能有幾人？

理學家程明道與弟弟程伊川一起出席一個宴會，在席間召妓共飲，伊川非常的矜持，目不斜視，明道則是滿不在乎的樣子，照吃照飲。宴後，伊川就覺得明道做人太不謹慎，明道先生答曰：「目中有妓，心中無妓！」這樣的胸襟是何等的灑脫，正是「雲月相同，溪山各異」，「百花叢裡過，片葉不沾身」，這是我們普通人不能達到的境界。

面對各種誘惑，凡人可能不能自制，而戒律再告訴你不能被迷惑，必須保持住做人的清白，提升自己的品格。在古籍《玉堂叢語》中就記載這樣的一件事：秦州曲吏曹鼎在追捕盜賊的時候發現了一個美女，目之心動。正巧那晚正值曹鼎當班，此女子多次用美色吸引曹鼎，讓他心中非常不安，於是他將「曹鼎不可」四個字寫在紙上，用於自戒。這四字被他寫了燒，燒了寫，就這樣幾十次，終於將自己騷動的心克制住了。為此，曹

鼎這樣自戒的精神是難能可貴的。

常言道「心不隨念轉，眼不被境遷。朗然現前，對境無心，逢緣不動。」這句話的意思就是要守住本心，心中不要有過多的起伏，只要這個人心中無境，那什麼也不能干擾到自己？「百花叢裡過，片葉不沾身」，百花叢裡是「有情」，葉片不沾身是「覺悟」。

面對誘惑，君子可能墮落為小人，善良也可能變成邪惡。然而，很多事情都需要從兩個方面看待，面對誘惑，關鍵就是在誘惑的情況下是否被異化，人的世界充滿了誘惑，但是不能別誘惑所矇蔽，否則，人的自主性便沒有了，人的本心若是沒有了，如何稱之為人？由此觀之，面對誘惑，即應該知道有所得必有所取。在誘惑面前，應該保持清醒的頭腦，而不是被其迷惑。

從自己身上找原因，別從他人身上找彆扭

或許有一天你環顧自己的生活，發現自己似乎一無所有，沒有房、沒有車子、沒有錢，沒有體面的工作，甚至沒有一個知心的愛人或者朋友，你開始抱怨，抱怨老天對你不公平，抱怨沒有好的機會。但你從來沒有想過，造成這一切的根本原因是什麼？你從來沒有想過，當別人都在努力的時候，你在做什麼？當我們面臨失敗時，你會想「哦！一定是我的對手走了後門，動用了關係，或者用了什麼不可告人的手段！」；當我們受到挫折時，你會想「寧可要老虎一樣的對手，也不要豬一樣的朋友，瞧瞧我的同伴都做了些什麼蠢事！」；當我們沒有得到更多的發展機會時，你會想「時不我與，天妒英才！」；當我們心生惡念時，你會想「如果當年我不是在這裡，不是跟著這些人，不是從事這樣的工作，那麼……」。可是，你從來沒有想過：我的生活應該由誰來做主？是你的朋友，親人，對手，還是敵人？而別人的成功，又靠的是什麼？是關係、權力、金錢嗎？

有個強盜經常打家劫舍，做了不少壞事，大家都想盡快除掉他，於是合謀設計了一個陷阱。果然，強盜掉進了大家設計好的陷阱裡。一個好心的老禪師正好經過陷阱旁邊，便將強盜救了起來。強盜對老禪師千恩萬謝，並發誓一定要報復那些設定陷阱的人。

老禪師問強盜：「你為什麼要報復那些人？」

強盜生氣地回答說：「那些人太壞了，竟然用陷阱來抓我，我一定要好好教訓他們。」

老禪師接著問：「你知道他們為什麼要抓捕你嗎？」

強盜坦白說：「因為我搶了他們的東西。不過我當初也是個好人，是他們冤枉我偷了東西，並將我趕了出來，所以我才當了強盜報復他們。」

老禪師問：「所以你覺得自己成為強盜是別人逼迫你這麼做的？」強盜點點頭。

「我今天救了你一命，所以想請你幫我一個忙。」老禪師對強盜說，「我在一個山洞裡遇見了一個十惡不赦的壞人，請你幫我除掉他。」強盜很爽快地答應了下來。他雖然沒有殺過人，但老禪師救了他的命，他是一定要報答的，於是他就跟著老禪師來到了那個山洞。

強盜提著刀，壯著膽子就走了進去，可是沒多久，他就連爬帶滾地出來了。他上氣不接下氣地對老禪師描述，山洞裡的人就像吃人的山怪一樣，自己從來沒有見過那樣凶神惡煞的人。老禪師笑著說，你再進去看個清楚。強盜連連搖頭，表示自己不敢進去。

老禪師於是帶著強盜再次走進山洞，這次，強盜才看清楚，山洞裡掛著一面大鏡子，鏡子裡的那個人凶神惡煞的人原來就是自己。老禪師笑著對強盜說：「這下你該明白了吧！你眼中所謂的凶神惡煞其實就是你自己，那就是你心中的惡念。你覺得是別人把你變成這個樣子的，可是如果你心中沒有惡念，那麼你又如何會成為十惡不赦的強盜？」強盜一下子就覺悟過來，原來造成如今這種局面的恰巧是自己，此後，他決定放下屠刀一心跟著老禪師修禪。

　　其實很多時候，我們就像這個強盜一樣，將自己不得志的原因歸罪於周圍的環境，卻從來沒有想過，自己既然是一錠金子，為什麼沒有金子的光芒？而被你認為是石頭的人，他們靠著自己不斷的打拚與努力，在經過了千層磨礪之後，卻變成了閃閃發光的金子。每次面對挫折與困難，你不是迎難而上，而是轉頭開溜，到頭來卻懷疑那些戰勝困難的人是耍了什麼手段，卻殊不知他們的手段就是堅忍不拔的毅力與勇氣！

　　如果你已經習慣了逃避與自保，那就請你不要在別人熱烈慶功的時候，投去那不屑的一瞥；如果你已經習慣了只當一個默默無聞的小兵，那就請不要對那些想當將軍的人冷嘲熱諷；如果你已經習慣了對自己的工作敷衍塞責，那就請不要對那些勤懇努力，敢擔重責的人，他們用自己的辛勤和汗水澆灌著自己的夢想，他們的花園裡開出的嬌豔的鮮花，你的花園裡永遠只能種植無名的小草。

　　我們總是習慣性的推卸責任，出了問題就到處找元凶，就到處在別人身上挑毛病，可是實際上真正的問題卻在你自己身上。美國總統杜魯門（Harry S. Truman）曾經在自己辦公室的門口掛上這樣一條標語：「Buckets stop here!」意思是問題到此為止，沒有必要再傳給其他人，沒有必要再去追究別人的責任。生活是一個很奇怪的哲學命題：蜜蜂螫傷了你，到底是蜜蜂尾刺的過錯，還是你誤入花叢的莽撞？你將蜜蜂記在心裡，那麼下一次將被螫傷得更加嚴重，你將自己的過失放在心上，也許就可以避免二次傷害。

　　如果自己身上沒有漏洞和缺點，如果自己沒有出現什麼疏忽，如果自己沒有做出任何錯誤的決策，那麼僅僅依靠外力，事情怎麼會變得如此糟糕呢？究竟是誰動了你的乳酪？問題起於何處，又該終於何地？你最應該問的是自己的內心。人始終都要面對自己，既然問題從自己這裡開始，那麼也應該在自己這裡終結。

守職便是禪，做好你的本職

聖嚴法師認為：把自己本分事做好，歡喜接受所面臨的一切，過一分鐘，即消一份災。人生在世，難免會遇到一些麻煩事，難免要承擔一些責任，因為我們既然享受到了做人的權力，也就應該盡一份做人的義務。

而所謂的本分，就是我們應該承擔的責任和應盡的義務，做好了這兩件事，其他的事情，我們能不做就不做。這句話乍聽起來，似乎有點教人要滿足於現狀，不要再有建功立業的心，好像缺少了積極向上的色彩，有種和時代脫軌的感覺。其實細細品味，我們不難發現其中的蘊含的玄機。

人的一生，在不同的階段，不同的領域，有不同的責任，上學時，你的責任就是好好讀書，用知識充實自己；工作時，你的責任就是要踏踏實實地完成自己的工作；身為孩子，你的責任是要懂事、聽話，少讓父母操心；身為父親，你的責任是讓孩子健康地成長，讓他學會怎樣做一個有責任感的人；身為老師，你的責任是要教導學生豐富的知識和優良的品格；身為工匠，你要保證自己所建的房屋地基牢固，風雨不倒……所以說，我們一生所要肩負的責任千千萬萬，各不相同，如果我們在每個階段能盡好自己的責任，做好自己該做的事，那麼，我們就是一個對自己的人生負責任的人，將不悔來世間走這一遭！

　　有個僧人雲遊四方，一路風塵僕僕，到了一個村莊的時候突然下起雨來，於是他敲響了一戶人家的房門。開門的是個老者，僧人說明來意，老者便將他讓進了屋。僧人走到屋內，發現屋裡不像外面看起來那麼結實，已經在開始滲漏。僧人非常奇怪，於是問老者這是怎麼回事。

　　老者嘆一口氣，慢慢地講起了這個房子的故事。老者原本是個有名的木匠，做事細心周到，周圍人有需要，第一個想到的絕對是他，而且他對每個徒弟的要求也非常嚴格，帶出來的徒弟，後來個個成了木匠中的高手。可是慢慢地，他的身體越來越差，就想著退休頤養天年，所以他便去向老闆辭職。老闆很捨不得他離開，但他執意要走，老闆已沒有辦法。一天，老闆對他說，只要他幫他建好最後一座房子，他就可以回家了。他答應了，第二天就開始動工。可是他的心裡，再也沒有了以前工作時的那種熱情。為了盡快完成任務，他在施工過程中偷工減料，只用了一個月就完成了任務。房子完工那天，他將房子鑰匙交給了老闆。但是沒想到，老闆又將鑰匙給了他。

　　「他對我說我是他見過的最好的木匠，所以這所房子送給我作為獎勵，非要我收下，我當時就愣在那裡了，」老者的聲音有點哽咽，「這間房子，就是我當年老闆送我的房子。沒想到，我的名聲竟然毀在了最後一次建的房子上了，而且還是為自己建的。」

　　聽完老者的故事，僧人沉默了許久，最後說道：「你沒守住你的本職，更沒守住你的良心啊！」

　　而我們很多人，又何嘗不像老木匠一樣，沒有恪守好自己的本分，昧著良心做了事，結果，不僅坑殺了自己，也傷害了別人。現實生活中有太多的誘惑，不斷衝擊我們的道德底線，衝擊我們的信仰和原則，很多人，在不知不覺中就偏離了航線，所以，要恪守住本分並不容易，要一輩子恪守本分更不容易，守職便是禪。

勇於承認錯誤

　　古語有云：「人非聖賢，孰能無過，知錯能改，善莫大焉」。做了錯事，可以改正，但不可以不承認。自己做錯的事情，更不可將責任推卸到別人身上，讓別人替你背黑鍋，這於人，是一種非常不道德的行為。

　　錯誤分兩種：一種是自己的錯誤，一種是別人的錯誤。一般人，自己犯了錯誤，為了面子或者逃避承擔責任，便拚命掩蓋，掩蓋不成就矢口否認，有錯不認不改，所以總在同樣的錯誤中一再跌倒；對別人的錯誤則抓著不放，無限上綱，恨不得置他人於死地。這種人，嚴於律人，寬於待己，是非不分，終至損人害己，自作自受的境地。

　　西漢公孫弘年輕時家庭非常貧窮，後來雖然貴為丞相，但生活依然十分儉樸，吃飯只有一個葷菜，睡覺只蓋普通棉被。就因為這樣，大臣汲黯向漢武帝報告，批評公孫弘位列三公，有相當可觀的俸祿，卻只蓋普通棉被，實質上是使詐以沽名釣譽，目的是為了騙取儉樸清廉的美名。

　　漢武帝便問公孫弘：「汲黯所說的都是事實嗎？」公孫弘回答道：「汲黯說得一點沒錯。滿朝大臣中，他與我交情最好，也最了解我。今天他當著眾人的面指責我，正是切中了我的要害。我位列三公而只蓋棉被，生活水準和普通百姓一樣，確實是故意裝得清廉以沽名釣譽。如果不是汲黯忠

心耿耿，陛下怎麼會聽到對我的這種批評呢？」漢武帝聽了公孫弘的這一番話，反倒覺得他為人謙讓，就更加尊重他了。

公孫弘面對汲黯的指責和漢武帝的詢問，一句也不辯解，並全都承認，這種以退為進的策略，實在是一種大智慧。汲黯指責他「使詐以沽名釣譽」，無論他如何辯解，旁觀者都已先入為主地認為他也許在繼續「使詐」。公孫弘深知這個指責的重量，採取了十分高明的一招，不做任何辯解，承認自己沽名釣譽。而對指責自己的人，公孫弘大加讚揚，認為他是「忠心耿耿」。這樣一來，便給皇帝及同僚們這樣的印象：公孫弘的確是「宰相肚裡能撐船」。既然眾人有了這樣的心態，那麼公孫弘就用不著去辯解沽名釣譽一事了，因為這不是什麼政治野心，對皇帝構不成威脅，對同僚不構成傷害，只是個人對清名的一種癖好，無傷大雅。

有些人喜歡在不怎麼了解真相的情況下亂下結論，甚至有時候會有一些莫須有的罪名加到你頭上。這時，如果你去辯解反而會讓人覺得你心中有鬼，即便最後得到澄清也極可能給旁人一種不好的印象，更何況有時候你無意之中真的會犯一些錯誤。其實，你只要像公孫弘一樣，以退為進，反而能為自己解困。

而如果你真的像別人說的那樣，犯有這樣、那樣的錯誤，那你就更不應該逃避，大方地承認自己的過錯，並保證以後再也不會犯這樣的錯誤，到更能贏得人們的尊敬與諒解。

一天，孔子帶領著子路、子貢、顏淵等幾個門生外出講學。師生們來到海州，天空忽然電閃雷鳴，狂風暴雨大作。當地的一個老漁翁帶著他們進到一個山洞避雨。

這個山洞面對著大海，是老漁翁平常休息的地方。孔子覺得洞裡有點悶熱，便走到洞口，觀看雨中的海景，看著看著，不覺詩興大發，吟成一聯：風吹海水千層浪；雨打沙灘萬點坑。

老漁翁聽了忙道：「先生，你說的不對呀！難道海浪整頭整腦只有千層，沙坑不多不少正好萬點？先生你數過嗎？」

孔子覺得老漁翁的話有幾分道理，便問道：「既然不妥，怎樣才合適呢？」

老漁翁不慌不忙地說，「我們生在水邊，長在海上，時常唱些漁歌。歌也罷，詩也罷，雖說不必真魚真蝦，字字實在，但也得合情合理，句句傳神。依我看，你那兩句應該改成這樣：『風吹海水層層浪，雨打沙灘點點坑。』浪層層，坑點點，數也數不清，這才合乎情理。」

子路在一旁不高興了，衝著老漁翁說：「哎哎，聖人作詩，你怎能亂改！」

孔子喝道：「子路！休得無禮！」

老漁翁拍著子路的肩膀說：「聖人有聖人的見識，但也不見得樣樣都比別人高明。比方說，這魚怎麼打，你們會嗎？」一句話，把子路問了個啞口無言。

老漁翁瞧著子路的窘態，也不答話，飛身奔下山去，跳上漁船，撒開漁網，打起魚來。

孔子看著老漁翁熟練的打魚動作，想著他談海水、改詩句、議「聖人」、責子路的情形，猛然間發覺自己犯了個大錯誤，於是把門生召集在一起，嚴肅地說：「為師以前對你們講過『生而知之』，這句話錯啦！大家要記住：知之為知之，不知為不知，是知也！」

說罷，順口吟出小詩一首：登山望滄海，茅塞豁然開。聖賢若有錯，即改莫徘徊！

就連博學的聖人也有犯錯的時候，就更不用提我們這些凡夫俗子，聖人之所以被稱為聖人，就是因為他們身上具有凡人所沒有的優秀品格，如若凡人也能做到「凡人若有錯，即改莫徘徊」，那就也可由凡人升為聖人了。

第四章

計較是貧窮的開始，寬容是人生的良藥

用一雙苛求完美的眼睛，永遠也找不到朋友

《大戴禮記·子張問入官》有云：「故水至清則無魚，人至察則無徒」。意思是說水太清澈了，就沒有魚生存，人太精明了，就沒有夥伴沒有朋友，因為精明者往往無法包容他人有小小的過錯或性格上的小小差異，他過分要求與一己的同一，或者要求所有人一舉一動均符合或者滿足一己的標準。但人生而不同，每個人的性格和待人處事的方式都有自己獨特的烙印，除非是複製人，否則永遠無法達到每事的一致性，因此出現摩擦以至矛盾、衝突就是必然的結果，此時如果不能以一種寬容的精神調和於其間，事態就將無法收拾，結局便是眾叛親離。

在這個世界上，不管是多麼聰明的人，也不可能保證一輩子都不犯錯，這世界上沒有完人，也就沒有永遠都不犯錯的人。同樣的道理，你自己會犯錯，怎麼可以要求別人不犯錯呢？你苛望自己身邊的人完美無缺，首先你自己就要完美無缺，自己都沒辦法做到的事，又怎麼可以苛求別人做到。

美國的賈伯斯（Steven Jobs）和沃茲（Stephen Wozniak）是「蘋果Ⅱ」微型電腦的開發者，他們的一個重要的合作者是馬庫拉（Mike Markkula）。其實，最初光顧賈伯斯和沃茲兩位年輕人的並不是馬庫拉，而是賈伯斯的

老闆介紹來的一個名叫唐·瓦倫丁（Don Valentine）的人。

當唐·瓦倫丁來到賈伯斯的家中，看見賈伯斯穿著牛仔褲，散著鞋帶，留著披肩長髮，蓄著大鬍子，不管怎樣看都不像一位企業家，於是，唐·瓦倫丁就把這兩位奇怪的年輕人介紹給了另一位風險投資家馬庫拉先生。

馬庫拉原來是英特爾公司的市場部經理，對微型電腦十分精通。他並沒有被賈伯斯和沃茲的樣子「嚇壞」，而是先考察了賈伯斯和沃茲的「蘋果Ⅱ」樣機。最後，馬庫拉問起了關於「蘋果Ⅱ」電腦的商業計畫，而賈伯斯和沃茲只精通於技術，對商業卻是一竅不通，所以二人面對馬庫拉的提問，面面相覷，誰也不知道該怎麼回答。但馬克庫拉並沒有因此而失望，而是決定和這兩個人合作，並出任董事長。

唐·瓦倫丁就是太苛求於賈伯斯和沃茲的外表衣著，從而失去了一個大的成功機會，而馬庫拉卻沒有求全責備，而是以一個專業人士的獨特眼光，看到了後面巨大的商機，從而一躍成功。

有人說：我們每個人都是被上帝咬了一口的蘋果，帶有各式各樣的殘缺，都有這樣那樣不如意的地方。確實如此，你必須讓自己接受這個事實。如果你過於追求完美，對人求全責備，那一定嚴重影響你的人際關係，就會沒有一個人敢跟你交朋友，你也將因此錯過成功和幸福的機會。

有一段時間大家都熱衷於出國，希望在國外賺到更多的錢。有一個婦女在朋友的幫助下來到了美國，她夢想著在這裡賺到很多錢，讓自己的兩個孩子過好日子。

來到美國後，婦女一直很努力地找工作，但她沒有高學歷，也沒有一技之長，所以始終無法找到合適的工作。無奈之下她在市場上租了一個很

小的攤位，開店賣水果。她依靠獨特的經營方式，很快就吸引了大批的顧客，生意非常好。但同時也引起了其他商家的嫉妒，他們經常會將垃圾倒在她攤位門口。這個婦人並沒有因此而謾罵、抱怨，反而將垃圾清掃到自家攤位的角落。旁邊的一位韓國婦人實在看不下去了，終於忍不住問道：「大家都將垃圾倒在你這裡，你怎麼不生氣呢？」

婦人笑道：「在我們的習俗，在將近年關的時候都會將垃圾往家裡掃，祈求來年的平安。現在大家的做法就是為我送來祝福，我怎麼會拒絕呢？廣結善緣，就是不要對任何人進行傷害，倘若我因為別人倒垃圾而爭吵，自然會影響日後的往來。所以，我不會將這件事放在心上。」

這位婦女的確非常聰明，她用自己的包容心為自己成功的避免了一些無謂的爭端，也為自己迎來了更多的朋友。一個人的心若能包容另一個與自己不同的心，就能擁有真心的朋友；若能包容一個家庭，就能成為一家之主；若能包容一個城市，就能成為一市之長；若能包容一個國家，就能成為一國領袖。在現實世界中，幾乎每個成功人士都有容人的雅量，從而交到各個層面的朋友。當他遇到麻煩時，到處都有人主動幫忙，從來不會陷入孤立無援的境地。

這就告訴我們——朋友的缺點，你要寬容；伴侶的缺陷，你要容忍；同事工作能力低下，你要有一顆激勵之心。要知道，世間並無絕對的真理，沒什麼東西一定就是對，或者一定就是錯。所謂的對錯，只不過因為立場不同、角度不同，得出的觀點也就有所區別罷了。我們眼中看到的缺點或不可理解的事情，站在對方的立場看，很可能就是理所當然的。朋友對你說了謊，應先考量他是不是有什麼為難之處？或許就能體諒他了。若是不加思考就把醜話說出口，朋友想必是做不成了。對你，對他，都沒好處。

世上有一種永遠吃虧的事，那就是發脾氣

當別人惹怒我們時，我們會條件反射式地表達自己的憤怒，甚至罵人，打架，這是人的本能反應，因為我們害怕受到傷害，不想在別人面前吃虧，可是一旦我們生氣或者憤怒，往往會發現自己吃的虧反而更大。

美國生理學家愛爾馬曾做過一個非常有趣的實驗：他把一支玻璃管插在冰水混合液中，然後收集人在不同情緒下散發出的氣體，結果發現人在生氣時發出的氣體成分非常複雜，而且有致命的可能。他將這些「生氣水」注射到小白鼠身上，幾分鐘後小白鼠就死了。經過一系列的實驗，愛爾馬得到了結論：生氣時，人體會分泌出很多有毒的物質，這些物質對身體會造成很大的傷害。

美國一位醫學專家則做過一項調查，在對一萬五千名胃病患者的病歷紀錄進行研究後，他發現其中的一萬二千人之所以患上胃病是因為經常生氣的緣故。而在中醫中，也有怒傷肝的說法。由此可見，生氣確實是「拿別人的錯誤來懲罰自己，」是天下最得不償失的一件事。

而別人之所以會惹你生氣，一般有兩個原因，一是你在乎，所以你才會生氣，二是別人故意激怒你，從而達到某種目的。如果你在乎那個人，那麼就更應該珍惜對方，給對方解釋、澄清的時間，因為一旦怒火相向，

就會對雙方造成不可彌補的裂痕，即使破鏡可重圓，可那道裂痕卻會時時提醒你傷害的存在，讓你再也無法像以前那樣坦然、安心。而碰見第二種原因，你就更應該保持冷靜，與對方鬥智鬥勇，否則正好中了對方的圈套，對方暗爽，你卻要承受由此帶來的巨大損失。

有個人的脾氣非常暴躁，只要誰惹到他，他就會像火山爆發，一發不可收拾。他也意識到自己身上的缺點，便向一位和尚求教，希望能夠得到化解戾氣的方法。和尚知道他有心悔過，就同意讓他跟著自己修行一段時間。

一段時間之後，這個人就開始覺得修行非常枯燥，和尚只是讓他跟著打坐，根本就沒有教他什麼化解戾氣的方法。他坐不住了，去找和尚質問。和尚卻似乎沒有聽見他的話，坐著一動不動，專心打禪。那個人老毛病又犯了，這下他的脾氣又發作了，衝著和尚破口大罵起來。和尚什麼也沒說，心平氣和地取來紙筆，在紙上寫起字來。

這個人感到非常奇怪，於是就問道：「我這樣對你發火，這樣辱罵你，難道你不生氣嗎？怎麼還有閒心在這裡寫字？」和尚微微一笑：「我當然也會生氣，不過在生氣之前，我會將自己心裡的想法全部寫在紙上，過一段時間之後，我再拿出來看看，反省一下自己。」這個人一聽，這倒是個好辦法，於是也拿來紙筆，寫起來。

第二天，這個人一大早就起來了，看著寺廟外如畫的風景，心情一下子舒暢了許多。這時他記起了昨天寫的字，拿出來一看，不禁嚇了一大跳，紙上面分明寫著這樣一行字：我真的想要一把火燒了這座破廟，真的想要給老和尚一點顏色瞧瞧。看到這行字，他才明白自己生氣時的危害到底有多大，他下定決心，以後一定要注意控制自己的情緒，不再輕易動怒了。

　　生活就是這樣，總會發生一些意外和衝突，打破你原本平靜的心情，這時候，是控制自己的情緒，讓自己先冷靜下來，然後再想辦法處理事情，還是不管三七二十一，先把自己的怒火釋放出來再說，不同的處理方式，會帶來不同的結果。打破一面鏡子容易，但想把它恢復原來的樣子，卻是一個巨大的工程。

　　人都是情感動物，沒有人可以完全控制自己的情緒，性格再好的人，也會有怒髮衝冠的時候。這時候，我們能做的就是將傷害減到最小，可以將自己一個人關在房間裡，房間裡的被子、枕頭都可以成為你發洩的工具，不過記得發洩完後，將這些東西收拾整齊。而當遇見別人發脾氣的時候，在勸解無效的情況下，你可以選擇暫時離開，等那個人發洩完畢，你再進行規勸或者是解釋，千萬不可在別人生氣時火上澆油。

　　佛陀曾經化作凡人故意惹怒兩個比丘，可是兩個人都不生氣，佛陀非常奇怪，就想要問個清楚。其中一個笑著說：「惹怒我的人只有自己，別人還不夠資格呢！」另一個則回答說：「你在開玩笑嗎，我的生活如此忙碌，哪來的時間跟你生氣？」佛陀非常高興，於是度化二人成佛。人生在世，試問孰能無過，只要別人沒有真正對你的生活造成巨大的困擾，那麼我們不妨淡而化之，一個祥和的笑容，一個漠然的眼神，一切矛盾就都會煙消雲散。

讓寬容開成一朵花

　　莎士比亞（William Shakespeare）名劇《威尼斯商人》（*The Merchant of Venice*）中有一句經典臺詞：寬容就像天上的細雨滋潤著大地。它賜福於寬容的人，也賜福於被寬容的人。

　　「當你伸出兩隻手指去譴責別人時，餘下的三個手指恰恰是對著自己。」美國的父親會用這句話教育他們的孩子。很多時候，我們總是對自己很寬容，自己犯了錯，我們會千方百計為自己找藉口開脫：遲到了，我們會說昨晚工作太晚；工作沒做好，我們會說時間太緊、人手不夠；闖了紅燈，我們會說自己正趕時間；損壞了別人的東西，我們會說不是故意的……我們總是有千萬種理由為自己開脫，卻有千萬種理由抓著別人的小失誤不放：他上次也是這麼對我的，誰讓他在背後說我的壞話，誰讓他升遷比我快等等。我們的不寬容中，隱含了嘲笑、怨恨、嫉妒、報復。日子就這樣一天天過去，由於對別人的抱怨，我們的周圍再也看不到真誠的笑臉。我們又開始埋怨埋怨生活如此冷漠乏味且沉重不堪。然而這一切能夠怨誰？倘若我們能用一顆寬容的心去看待周圍的人和事物，我們就不會如此沉淪失望了。

　　寬容別人等於善待自己，寬容別人的缺點，缺點是每個人都有的；寬容別人無心的過失，那常常是誰也不能去主宰的；寬容會使你學會如何去欣賞別人，也讓別人學會如何來欣賞你。學會寬容就不要對自己的缺點錯誤寬容，只有不斷發現並改正他們，你才能不斷豐富自己的思想境界，讓別人更加欣賞你。

　　寬容並不是包庇、姑息，而是正視缺點、錯誤，正確地、合理地幫助別人共同去克服和改正缺點，不是對別人的過失、缺點輕蔑地指責。寬容並不等於懦弱，我們是用愛心淨化世界，而絕不是含著眼淚退避三舍。寬容是天平一端的砝碼，不停地維持著被打破的平衡，是人世間永恆的愛和被愛。互相寬容的朋友一定百年同舟，互相寬容的婚姻一定長長久久，互相寬容的世界一定和平美麗。我們來到這個世界只有兩大重要使命：一是豐富這個世界，二是完善這個世界。用寬容作武器，可以化解世界上的一切矛盾。

　　西元 18 世紀的法國科學家普魯斯特（Joseph Proust）和貝托萊（Claude Berthollet）是 —— 對論敵，他們對定比定律的爭論長達 9 年之久，各執一詞，誰也不讓誰。

　　最後的結果，是以普魯斯特勝利而告終，普魯斯特成為了定比這 —— 科學定律的發明者。

　　普魯斯特並未因此而得意忘形，據功為己有。他真誠地對曾激烈反對過他的論敵貝托萊說：「要不是你 —— 次次的質疑，我是很難深入地研究這個定比定律的。」

　　同時，他特別向公眾宣告，發現定比定律，貝托萊有 —— 半的功勞。

　　佛祖曾經講過：寬容是對別人的尊重，心中坦蕩，它心中大公無私。在佛陀心中，寬容就是一種廣大之愛，這種愛不是與生俱來的，它需要我們學習知識不斷提升自己而來。寬容是處世哲學的一種胸懷。普通人覺得寬容就如同在退縮，其實寬容是心靈美好的一種延伸。人與人之間若是彼此相互寬容，人與人之間自然也就沒有隔閡，人們在工作上可能會更加努力，更有效率。那些知道寬容之道的人知道應該如何處世對人，所以，他們與人合作起來更加的融洽，更容易與別人達成一致。佛陀為我們做好了寬容的表率，但我們無法與佛祖相比，但是若可以將內心中的寬容喚醒，學會與人分享，那自然會得到快樂。

　　佛陀有很多兄弟，他與這些兄弟之間的關係也非常融洽，但是提婆達多卻一直與佛陀的關係比較緊張。有一天，提婆達多突然得了一種奇怪的病，很多醫生對此都是束手無策。

　　佛陀知道了這件事，立即前去探望提婆達多。

　　佛陀坐在提婆達多病床前，說：「我如果對我堂哥提婆達多的愛像親生兒子一樣，我堂兄弟的病，就應該立刻好起來。」說來奇怪，沒過幾天，提婆達多的病就自動痊癒了。

　　一位弟子問佛陀：「他與您向來不睦，您為何要幫助他？他曾經多次對您進行傷害，甚至想置您於死地啊！」

　　佛陀說：「對於一部分寬容，卻不能寬容所有的人，這不合乎道理，這與道義也不相符。眾生平等，每個人都希望自己過得快樂，沒有人希望自己不快樂或是痛苦。所以，我們寬容的不僅僅是那一部分人，真正的寬容是不管這個人是否對你進行造成傷害，我們對任何人都應該有慈悲之心。記住，在佛的心中，眾生皆平等。」

　　寬容是溫暖明亮的陽光，可以融化人內心的冰點，讓這個世界充滿濃濃暖意。

　　寬容是甘甜柔軟的春雨，可以滋潤人內心的焦渴，為這個世界帶來勃勃生機。

　　寬容是人性美麗的花朵，可以慰藉人內心的不平，為這個世界帶來幸福希望。

　　一個不會寬容，只知苛求的人，心理往往處於緊張狀態，導致神經興奮、血管收縮、血壓升高，使心理、生理進入惡性循環。心中裝著仇恨，人生是痛苦的、不幸的，只有放下仇恨選擇寬容，糾纏在心中的死結才會豁然解開，心中才會安祥、純淨。忘掉仇恨，遠離仇恨，用一顆寬容的心去寬容一切，擁抱一切，和諧共存是永恆的主題，相信愛能征服一切。

那個對你最不滿的人就是師父

　　康熙皇帝曾經說過自己這一生最應該感謝這幾個人：犯上作亂的鰲拜、擁兵造反的吳三桂、分裂國家的鄭經、騷擾邊境的噶爾丹、謀權奪利的索額圖和明珠。正是這些強敵的存在，才造就了這位「千古一帝」。這是一份大肚能容的氣量，更是智慧人生的感悟，因為他明白最大的成長禮物往往是自己的對手帶來的。

　　我們應該感謝那些可敬的對手，沒有他們的存在，沒有他們的挑戰，也許你不會在不斷的傷害中進步，不會在不斷的屈辱和失敗中修練自己、強大自己。誰對你最有成見，誰傷害你最深，誰一直是你最大的威脅和挑戰，那麼誰就很可能是引導你成功的誘因。我們在感嘆磨難的時候，也要感謝困難磨礪了你的心性，我們在抱怨別人處處攻擊自己的時候，也要感恩對手迫使你變得更加強大。支持你的人在背後默默鼓勵你，而對付你的人卻在謾罵中不斷讓你強大。

　　有位將軍說：「當你面對強大的對手時，所能得到的可不僅僅是一時的失敗這麼簡單，要不是一蹶不振，要不是從此奮起。」據說在亞馬遜叢林中存在一對奇特的生物，青蛙和蝙蝠，青蛙是蝙蝠的美餐，蝙蝠經常用超音波來定位青蛙，而為了躲避蝙蝠的追殺，青蛙被迫演化出了吸收超音

波的功能。此時蝙蝠將超音波演化得更加完美,而青蛙背部的吸收功能也越強。青蛙每晚都會叫,於是那些蝙蝠演化出了微弱的聽力,此後,青蛙只好減弱自己的聲音,降低聲音的分貝。雙方一來一往,結果都演化出了令人驚嘆的能力。表面上看,牠們是對手,是天地,但實際上牠們一直在相互督促、相互激勵。

　　一位大師與弟子一起出去化緣,結果碰到一戶不講理的人家,主人不僅沒有施捨一頓飯,而且還出言譏諷,將師徒二人好好奚落了一番,尤其是大師,更是被對方辱罵。弟子聽不下去了,想要反駁,可是被大師勸住了,不僅如此,大師還對主人家畢恭畢敬,連連稱謝。可是主人家並沒有就此施捨什麼飯菜,反而覺得這位老和尚是個神經病,直接關上了大門。

　　離開後,弟子非常生氣,一路上都在發牢騷,覺得世界上竟然會有如此蠻橫無理的惡人,他們一路修行,途中遇到各式各樣的人,對方基本上都是客客氣氣的,可是像這般無禮的人實在很罕見。重要的是他對師父的態度非常不理解,難道出家人就可以任由別人侮辱和謾罵嗎?可是大師根本就默不作聲,而且臉上還始終微微笑著。

　　弟子心頭的怒氣一直未消,何況師父是得道高僧,如今受到這般奚落和侮辱,別說師父自己不開心,就連他這個徒弟也覺得很生氣。所以他直接攔下大師,問師父剛才為什麼任由別人辱罵,而且還如此恭恭敬敬。大師看了弟子一眼後說道:「我為什麼要生氣呢,因為化緣不成功嗎?我們既然與那位施主無緣,那麼何必強求呢,我們可以去找個有緣人那裡化緣。如果是因為對方辱罵了自己而生氣,那就更沒有那個必要了,相反地我還要謝謝他為我指出了一個缺點。」

　　這個世界就是如此，是非好壞並不是絕對的，關鍵在於你用什麼眼光去看待，關鍵在於你站在什麼角度和立場去看。你覺得別人對你不滿是壞事，但是反過來說別人的不滿很有可能就是你改善自己的動力，別人的辱罵豐富和完善了你的生活，別人的打擊磨礪了你的心性。很多時候，也許我們就應該這樣告誡自己：讓他鞭策我吧，因為我會因此得到進步；讓他打壓我吧，因為我會因此變得更加強大；讓他羞辱我吧，因為我會在羞辱中奮進；讓他誘惑我吧！因為我會修行定力；讓他誹謗我吧，因為我會因此完善自己的人格；讓他蔑視我吧，因為我會尋回自尊；讓他拋棄我吧！因為我會因此得到獨立；讓他阻撓我吧，因為我會踩踏著他走向成功。

　　有時候，別人帶來的傷害遠遠要小於他帶來的幫助，正因為如此，我們要更加寬容地對待自己的對手、自己的敵人，要用更加客觀加理性的眼光去分析看待他們，要用一顆感恩的心來面對他們。也許你們之間的立場不同，也許你們之間的矛盾很深，也許你們之間水火不容，可是正因為有對手的存在，你才能夠不斷發展，正因為有他們的咄咄逼人，才有你的自我完善。並不是只有身邊的人才會願意為你的成功鋪路，其實你所擊倒的那些對手，那些被你踩在自己腳下的敵人，他們才真正稱得上是你人生的導師，才稱得上是你成功的墊腳石。

　　以一種淡然心來看，人生多幾個對手，這樣並沒有什麼不好，如果您想要成為一頭有生命力的羊，也許應該為自己找一匹合適的狼，只有與狼共舞，你的命運才會更加精彩。人生就該有這樣的豪情壯志，面對那些難纏的對手，面對虎視眈眈的敵人，我們有理由高喊一聲：讓暴風雨來得更猛烈些吧！

放下怨恨，愛的力量更值得品味

「當生活欺騙你時，你會怎麼做？」這是英國一家心理學研究機構曾經進行過的一個心理測驗。測驗的結果很值得人深思：70%的人選擇了生氣和報復；25%的人選擇了不知道怎麼辦；只有5%的人選擇了寬容。

人的一生，總會經歷那麼幾件「被生活欺騙」的事，例如被最好的朋友欺騙，被最信任的人出賣，被最愛的人拋棄等等。這時候修養再好的人，也會生出幾分怨恨。聰明的人，會讓這份怨恨慢慢消於無痕中，最終淡淡一笑；愚蠢的人，則會讓這種怨恨無限放大，最終不能自拔。

她本是一位特別漂亮的女子，她的歌聲宛轉悠揚，就像天空飛翔的百靈鳥，讓人聽了忘俗。這樣的女子，本應得到上天的眷顧，可是上天可能為了考驗她，她最愛的男友拋棄了她，投入了另一個多金女子的懷抱。她心裡的怨恨瞬間爆發了。她用世上最惡毒的語言詛咒離去的男友和他的新歡，她要讓他們比她更痛苦。

每天生活在怨恨中的她，聲音再也不像百靈鳥那樣動聽，而變成了嘶啞難聽的「呀，呀」聲，而她原本漂亮的容貌，也變得醜惡猙獰。看到鏡子中的自己，她猛地呆住了。

她去找世界上最好的美容師，請求他能幫自己恢復以前的容貌，但美容師告訴她：「貌由心生，妳現在的心裡充滿了怨恨，就算我幫妳恢復以前的容貌，如果妳心中的怨恨不消，過不了幾天，妳會又變成現在這個樣子的。」

怨恨就如同慢性毒藥，它不僅會慢慢侵蝕一個人的容貌，還會讓人逐漸喪失理智，變得瘋狂，走入極端。可是，困於怨恨中的人卻不明白：怨恨的是別人，最終受傷害的卻是自己，對敵人最好的報復不是置對方於死地，而是比對方更幸福地活著。

有一位非常有智慧的大師，每天都有人慕名前來求他指點迷津。這天，寺中一下子來了十幾位施主，請求禪師幫他們化解心中的仇恨與痛苦。禪師耐心地聽他們一一講述完自己心中的仇恨，然後說：「你們可以將你們心中的仇恨寫在紙上，然後貼在寺中的石頭上面，再背著這些石頭繞幾圈。這些人不知道禪師讓他們這樣做是什麼意思，但還是照做了。

這些人很快就寫好了紙條，貼在石頭上，再背到背上。雖然每個人的仇恨各不相同，但背上背的石頭最少的也有五六個，最多的有十幾個。剛開始，這些人還是一副輕鬆的神態，剛走了兩圈，那個背的石頭最多的人就累得直喊「禪師，我可以休息一下嗎？」禪師搖搖頭。

過了不久，其他的人也紛紛喊起來，說太累了，可否坐下來休息一下子。禪師看著他們說：「你們之所以感覺累，是因為你們身上背的石頭太多的緣故。現在，你們慢慢試著每走幾步就拿一個石頭出來，先拿完石頭的就可以坐下來休息。」

眾人按照禪師的要求，每走幾步就取出一個石頭。石頭最少的人很快就拿出了所有的石頭，石頭最多的用的時間最長，但是由於石頭的重量

在逐漸減少，雖然他比別人多走了幾圈，但比背著所有石頭時已經好了很多。

禪師笑著問他們：「現在，你們是不是覺得很輕鬆了？」眾人都點點頭。

「你們背的每一個石頭，就是你們的每一個仇恨，當你們將所有的石頭都背在背上的時候，這些石頭會壓得你們喘不過氣來，但後來你們將石頭一個個放下，就輕鬆很多了。」

禪師環顧四周，語重心長地說，「仇恨就是加在你們身上的枷鎖，一個人執著於仇恨中，那麼便是對自己精神的一種折磨，所以，唯有將仇恨放下，才能過得輕鬆。」

眾人聽後恍然大悟。

我們習慣於把自己的怨恨歸結於社會的不公、他人的傷害、生活的艱辛、工作的壓力、環境的逼迫等等，卻不知真正讓我們產生怨恨的是自己，是自己那顆不滿足的心。怨恨是因為我們太計較自己的得失，太在乎自己的愛恨，太糾結於事情的對錯。

人生不過百年，誰不是匆匆過客，我們卻用怨恨為自己編織了一個牢籠，將自己困於這不見天日的牢籠中，永遠也不知道外面的陽光是多麼燦爛，空氣是多麼新鮮，花是多麼嬌美。

怨恨永遠也做不了人生的主流，就將它視為一個小小的漣漪吧，一瞬而過，你的人生依舊精彩。

用感恩的心去面對他人

　　人的一生中，從成為一個生命開始，就在領受別人的恩情，父母的養育之恩，老師的教育之恩，朋友的幫助之恩等等。受恩，說明一個人與他人、與社會有著正常的生活關係，感恩，則是在受恩之後產生的一種責任感。

　　「感恩」是一個人與生俱來的本性，是一個人不可磨滅的良知，也是一個人健康性格的表現，一個人連感恩都不知曉的人必定擁有一顆冷酷絕情的心。在日常生活、工作、學習中所遇之事所遇之人給予的點點滴滴的關心與幫助，都值得我們用心去記恩，銘記那無私的人性之美和不圖回報的幫助之恩。感恩不僅僅是為了報恩，因為有些恩澤是我們無法回報的，有些恩情更不是等量回報就能一筆還清的，唯有用純真的心靈去感動，去銘刻，去永記，才能真正對得起給你恩惠的人。

　　佛祖和眾弟子去講佛的路上，遇見了一個無賴，無賴見佛祖法相莊嚴，器宇軒昂，認定應該出自大富大貴之家。於是就上前進行恐嚇和勒索，想從佛祖那裡撈點錢財。眾弟子見無賴如此無禮，非常氣憤，紛紛上前指責無賴：「你知道眼前的人是誰嗎？怎麼能如此無理，趕緊走吧。」

　　無賴根本不知道面前的人是誰，也不想知道他是誰，已經好幾天沒去賭場了，手癢的厲害，好不容易遇上一個看著有錢的，哪能這麼輕易就放走。他用手拉著佛祖的袖子，一下說佛祖驚擾了他的好夢，一下說佛祖踩死了他家的螞蟻，不賠錢絕不放他走。眾弟子見無賴對佛祖動手動腳，紛紛湧上前來，要把無賴拉開。可佛祖卻攔住了眾人，他取下脖子上戴的佛珠，對無賴說：「我身上沒有什麼值錢的財物，只有這串佛珠，或許對你有點用。」無賴見這佛珠色澤均勻，溫潤細膩，一定是個值錢的寶貝，於是欣喜地接過來，搖搖晃晃地離開了。

　　眾弟子見佛祖不僅不生氣，還笑呵呵地將佛珠送給無賴，非常不解：「您為何要把佛珠送給這樣一個無賴呢？」佛祖笑著回答說：「我在三世之前，曾經受過他的恩惠，他那時是個漁夫，在打漁的時候救了我的命。」眾弟子聽後，方覺自己的魯莽。

　　你看出了一條狗的寒冷，為牠墊上了溫暖的棉絮，牠躺在棉絮裡以後會久久地看著你，牠不能說話，只能用這種方式表達牠的感激。你看到一隻鳥受傷了，將牠從貓嘴裡奪下來，用藥水治療牠的傷口，餵牠食物，然後將牠放飛林中。牠飛到樹梢上也會回頭來看你。牠同樣不能說話，只能用這種方式銘記你的救助。低智慧動物尚且會感激別人的救助，人類難道不也應該有顆感恩的心嗎？狗和鳥會長久地凝視你離開表達感激之情，可是這一刻很快就會過去；他們可能很快忘卻你。但有了這一刻，世界就不再是原來的世界，感激的目光消失了，但感激之情擴散瀰漫在天地間，世界也就因此有了溫暖，有了親切。

　　有位哲學家說過，世界上最大的悲劇或不幸，就是一個人大言不慚地說沒有人給我任何東西。面對困難與危險，我們更多的是怨恨，怨恨社會

的殘酷，怨恨人情的冷漠，其實這個時候，我們更應該感恩，因為如果沒有困難與危險的磨練，你怎會知道自己的潛力有多大，怎會知道自己的毅力有多堅強。

曾有一個佛陀，乘船渡江，想不到風大浪高，把船打翻了。佛陀像一片樹葉般在江中沉浮了許久，才筋疲力盡爬上岸來。到了岸上的第一件事，他不是責罵船家的無能讓他丟失隨身攜帶的一切，也不是詛咒惡風險浪差點要了他的命，而是跪在沙灘上遙拜師父：「謝謝師父！」有人不解地問：「你為什麼不謝謝菩薩？」佛陀說：「原來我並不喜歡游泳的，都是師父每次強把我拉入水中，教我學會的。不是師父，我命今日休矣！」

遇了難，不是責備任何一個人，而是心存感激，人生達到了如此的超然境界，遇事如此的豁然通達，在這個世界上，還有什麼事情能讓你痛苦和憤恨的呢？

生活就像一面鏡子，你對它微笑時，它就對你微笑；你對它哭喪著臉，它也會陰沉地面對你。我們不要抱怨自己失去了什麼，不要抱怨社會剝奪了你什麼，不要抱怨別人傷害了你什麼，你無法去寬容別人，無法去寬容這個世界，那麼痛苦的只能是自己。寬容生活對你的傷害，原諒這世界的一切過失，當你學會用感恩的心去面對生活，你才會忘卻生活的傷害，才會忘卻衝突仇恨，才會忘卻世界的陰暗和痛苦。

「假如生活欺騙了你，不要焦慮，也不要煩惱！憂鬱的日子裡要心平氣和。相信吧，那快樂的日子就會來到。」

誠心無私是真功德，做人少一些自利心

有一個人在沙漠行走了兩天。途中遇到沙塵暴。一陣狂沙吹過之後，他已認不得正確的方向。正當快撐不住時，突然，他發現了一幢廢棄的小屋。他拖著疲憊的身體走進了屋內。這是一間不通風的小屋子，裡面堆了一些枯朽的木材。他幾近絕望地走到屋角，卻意外地發現了一部抽水機。

他興奮地上前汲水，卻任憑他怎麼抽水，也抽不出半滴來。他頹然坐地，卻看見抽水機旁，有一個用軟木塞堵住瓶口的小瓶子，瓶上貼了一張泛黃的紙條，紙條上寫著：你必須用水灌入抽水機才能引水！不要忘了，在你離開前，請再將水裝滿！他拔開瓶塞，發現瓶子裡，果然裝滿了水！

他的內心，此時開始交戰著 ——

如果自私點，只要將瓶子裡的喝掉，他就不會渴死，就能活著走出這間屋子！

如果照紙條做，把瓶子裡唯一的水，倒入抽水機內，萬一水一去不回，他就會渴死在這地方了 —— 到底要不要冒險？

最後，他決定把瓶子裡唯一的水，全部灌入看起來破舊不堪的抽水機裡，以顫抖的手汲水，水真的大量湧了出來！

他將水喝足後，把瓶子裝滿水，用軟木塞封好，然後在原來那張紙條後面，再加上他自己的話：真的有用。在取得之前，要先學會付出。

生物都有一種趨吉避凶的本能，人作為萬物之靈，在這一點上更是演化到了極致。現代生物學揭示，人的大腦由三個層次組成，最裡面的一層是「爬蟲腦」，它是爬行類動物遺留下來的腦結構，人所具有的各種動物本能主要來自這個爬蟲腦。第二層是「哺乳腦」，包在「爬蟲腦」的外面，它是哺乳類動物遺留下來的腦結構，也提供著人所具有的動物本能。第三層就是人們都知道的新腦皮質，它包裹在動物腦的外面。新腦皮質是在靈長類動物腦結構的基礎上發展形成的，是人類特有的具有理性思考功能的腦結構。人的大腦結構決定了人類不可能徹底脫離其所具有的首先為自己生存的動物性。這種動物性迫使每一個人無論做什麼都首先想到為自己，並支配自己的行動。例如面對一份新工作，你首先考慮的是薪水有多少，能從中學到什麼東西，其次才是工作環境等方面的問題。

但除了這一本性，人還是一種社會性的動物，要與其他人一起勞動，共同合作。在這一過程中，如果你心心念念的只有自己一個人，什麼都是以自己的利益為主，罔顧他人的權益，那你最終會除了你自己，什麼也得不到。

有兩個小故事。

第一個是一位企業家有個同班同學，家庭比較富有，上大學時他每個星期都會帶數顆蘋果到學校。同宿舍的同學以為他會每人分一個，結果是他自己一天吃一個。透過這件小事，同學們對他留下了自私的印象。後來這名企業家事業有成，而那個獨自吃蘋果的同學卻沒什麼成就，他希望能到企業家的公司工作，而這個企業家沒有接受他。原因很簡單，就是因為那個蘋果。

第二個是另一名企業家，他在上大學時，每天打掃宿舍並且替舍友們裝水，一做就是四年。十年後，當他所創辦的企業達到一定規模時，希望

有合作者，他就帶著豐厚的酬勞到了國外去挖角那些昔日的舍友。那些舍友回來了，理由卻很令人意外。舍友們說：「我們來是衝著你過去幫我們裝了四年的水，我們知道你這樣的精神，有飯吃肯定不會虧待我們，所以讓我們一起打拚吧。」

幾個蘋果和四年的水，改變了一個人的命運，獨自享受了蘋果的人，只能獨自承受自私的結果，而堅持替別人裝了四年的人，將生命之水帶給了別人，也成就了自己。這就是自私和分享的區別。

太自私的人永遠想著自己的利益，但最終他們並不會贏得他們想像中的快樂。他們只喜歡看著自己獲得的，只盤算著自己的利益，怎樣才能對自己更有利，怎麼才能讓對方付出更多，是他們永遠關注的焦點。他們總是有道理去要求別人，他們所遵循的人生原則和社會上常見的原則並不一致。他們活在自己的世界中，世界對他們來說就是一種競爭的關係。按說這樣的人是應該能夠幸福的，但是往往，他們更容易不幸福，即使他們得到更多，掌握更多，他們都會覺得很不夠、很不夠。

有的人以為越自私越能保全自己，其實很多得與失都被賦予了人的感情，不是生硬的計算和全面的權衡所能概括的，你可以精明一時，但是絕不會能永遠都依靠著自我的算計贏得一生。這是因為太自私會讓一個人的世界和心胸同時縮小，越在這條道路上走下去，他所能看到的越灰暗，會極端。既然體會不到人與人之間更友善的感覺，那麼很多快樂都變得毫無趣味，因為互相戒備著得到的東西，怎麼會叫人更放鬆呢？

自私不是最安全的生活態度，為別人打算，體諒別人的感受，表面上是為別人，其實歸根究柢是為自己，因為你給了別人緩衝的空間，才能讓自己有更多機會得到對方的回饋。

第五章

勿逞一時之能，低調是最高明的身段

無謙卑則無佛，懂得彎腰的人最具佛性

有人曾問古希臘先哲蘇格拉底（Socrates）：「聽說您是天底下最有學問的人，那麼請您告訴我這天地之間的高度是多少？」蘇格拉底想了想，坦然地回覆道：「三尺。」這個人聽了感到疑惑：「世界上的人除了嬰兒，差不多都有五六尺，那豈不把蒼穹都戳破了？」蘇格拉底回答到：「是啊！凡是超過三尺的人，如果想要立足天地之間，就要懂得把頭低下來。」

面對比自己強大的人，我們迫於氣勢，或許會謙卑恭敬，但面對比自己弱小的，我們是否也能做到謙卑恭敬呢？我相信很多人都不敢大聲的說「是」。雖然我們自小接受的教育是人生而平等，但我們的潛意識中還是會悄悄地替身邊的人區分等級，我們永遠不可能用對老闆的謙恭態度來對待打掃阿姨，這是人的本性。但是，我們見了打掃阿姨會熱情地跟她打招呼，感謝她為大家打造了乾淨的工作環境，這其實是另一種形式的謙卑 —— 尊重，尊重別人也是一種謙卑。

謙卑是一種修養，謙卑者，與貴人相交，謙恭有禮，不卑不亢，與凡夫相處，小恭敬有加，融洽祥和。謙卑還是一種心境，無得失心，無是非心，無分別心，淡然看待生活的一切。謙卑更是一種智慧，是一種心靈的救贖，於人無害，於己有益。謙卑的人容易接受生活，也更容易被生活接受。

人生若是修行，那麼謙卑就是佛性。有人跟著佛陀修行，不知道為什麼出家人見了人要低頭彎腰，雙手合十，口稱阿彌陀佛。佛陀回答說：「因為佛在腳下，你需要彎腰才能尋見；因為佛懸於頭頂的高空，祂明照你的身影，你需要彎腰來向影中尋；因為佛長存誠心之中，誠心者往往謙卑，需要彎腰謙恭受戒。」意思是說謙卑的人才真正懂得如何修佛，才懂得如何成佛。

有一位受到眾人尊敬的佛學大師。他喜歡四處雲遊，而每到一處，無論是地方上的達官貴人，還是寺廟佛堂都盛情地邀請他前去講佛。有一次，禪師雲遊到了一處，聽聞附近一家很有名氣的寺院正在準備一場佛法研習交流大會，禪師覺得這是一個難得的交流和學習佛法的機會，可以增長自己的見識，於是欣然前往。他準時來到寺院，但沒有坐在臺上去講佛經，而是和普通的教徒們一起坐在臺下聽講，他入迷地聽著臺上的爭辯和講演，連連點頭，一直安安靜靜地坐到散場，仍然是意猶未盡。這時候旁邊有個僧人認出了禪師，非常驚訝，他沒有想到自己可以坐在禪師的身邊，況且以禪師這樣高深的佛學修為，竟然也在臺下聽講，他實在不敢相信自己的眼睛。

僧人滿腹疑惑地問道：「大師，恕我直言，您的佛學造詣遠在眾人之上，今日為何與我們坐在一起聽佛法，您應該上臺為我們所有人講授真正的佛法才是。有您這樣的高僧在此，相信大家都會得到許多助益的。」禪師聽後卻搖搖頭：「佛在謙卑之人心中，無論臺上臺下都是一樣的，而且我今日的確受益匪淺。」

禪師接著解釋說：「我在臺下聽講，臺上講的未必是佛，但我心中聽的卻是實實在在的佛，我在臺上講演宣揚時，即便聽的是佛，而我說的

未必是佛，宣揚的不過是自己而已。」僧人聽後，更加佩服禪師的智慧和修為。

有些人稍有能力，就到處誇誇其談；稍有作為，就到處炫耀宣揚；稍有自信，就到處顯山露水，結果很可能就像仲永一樣「泯於眾人」。孔子說：「三人行，必有我師焉。」像他這樣的聖人，也要謙卑地叫別人一聲老師，這才是真正的難能可貴，這才是真正的智慧。也許你很有才能，也許很富有，也許相貌非凡，你覺得自己天生就高人一等，覺得有理由「木秀於林」，可是你欠缺一份謙卑之心，一樣得不到別人的尊重，一樣得不到別人的讚賞，一樣只是徒有其表的浮誇之人。

《菜根譚》中說：「君子之心事，如天日昭昭，要使人易知；君子之才華，要玉韞珠藏，使人非易知。」如果你是高山，就不要告訴別人自己有多麼高；如果你是深海，就不要告訴別人自己有多深，如果你是大地，就不要告訴別人自己有多厚，隱藏好自己的真實才華，謙卑地看待任何人和事，是對所有人的一種尊重，更是對自己生活的一種尊重。

你願意成為參天大樹，就需要在晴空下低頭接受陽光，你願意成為一朵小草，且不妨在最卑微的塵土裡開放。你願意成為茁壯的種子，就直接將自己埋在最深沉的地下默默生長！謙卑之人才可見生活真性，或許有一天我們真的應該這樣告訴生活——「我很能幹，可是我很謙卑！」

先學會尊重，才能贏得尊重

　　奧斯卡‧萊萬特（Oscar Levant）是美國 20 世紀有名的鋼琴家和作曲家，又以機智幽默善於搞怪而著稱。

　　一天晚上，萊萬特正在為觀眾演奏鋼琴曲，悠揚的樂曲從他的十指間輕輕流瀉出來，此曲只應天上有，萊萬特表演得投入，觀眾也沉浸在美妙的音樂中，如痴如醉。這時，一位觀眾姍姍來遲，從座位間的走道向音樂廳的中央走去，尖尖的鞋跟有力地叩擊著地板，發出刺耳的聲音。這突如其來的不和諧音符攪亂了觀眾的興致，萊萬特也停止了演奏。所有人的目光都集中在了這位女士的身上，她也明顯感覺到了，但是仍然故作鎮靜，昂首挺胸，大步向前。

　　忽然，鋼琴聲再次響起，大師現場發揮，為該女士量身創作了樂曲！女士猶豫了一下，放慢了腳步，音樂也隨之變得節奏舒緩；她停下來，音樂也戛然而止；她快步疾走，音樂也立刻轉為歡快急促。所有的觀眾都被女士現場的盛裝舞步滑稽表演逗得哈哈大笑，現場氣氛達到了高潮。女士終於在自己的座位上癱坐下來，面紅耳赤，尷尬至極。

　　常言道：送花的人周圍滿是鮮花，種刺的人身邊都是荊棘。天底下沒有兩片完全相同的樹葉，同樣，也沒有兩個完全相同的人，但每個人在人

格上都是平等的。可是在很多人的心目中，總是不自覺地將人分為三六九
等，對那些比自己富有、職位比自己高、權力比自己大的人滿臉堆笑恭
恭敬敬，而對那些所謂的「窮人」，沒有什麼背景、權力的人則是冷言冷
語、趾高氣昂。

懂得尊重他人，是一種為人的高尚品格。每個人所從事的職業只有分
工的不同，沒有高低貴賤之別。從這個意義上說，我們沒有理由也沒有資
格用不屑一顧的態度去輕視他人、嘲笑他人。真正的尊重，應是一種對他
人不卑不亢、不仰不俯的平等對待，同時也是一種對他人人格與價值的充
分肯定。一個真正懂得尊重他人的人，必然會以平等的心態、平常的心情
去面對所有人，不論他是幸運抑或不幸運、成功還是不成功。

一個企業家曾經這樣說：我從來不記得對誰命令過什麼，我總是用
建議的語氣提醒對方，從沒說過「做」或「不做」，也沒說過「要」或
「不要」，無論對商業對手還是下級，我說的最多的是「你可以考慮一
下……」、「你認為……」之類的話。在看助理寫的文件時，我總是這樣
說：「這句話這樣寫，你覺得會不會好一點呢？」口述文件時，祕書在旁
邊做記錄，我就經常會問：「你覺得這樣說怎麼樣？」我總是讓助理們覺
得，自己很受信任，可以放手按自己的意願做事。我從來不罵自己的助理
們，也不干涉他們，即使他們偶爾也有過錯，也會讓他們自己吸取教訓並
自己改進。這樣做的結果是，別人輕鬆地就改掉了自己的錯誤，而且心靈
沒有受到傷害。因此，在與他共事的過程中，助理們感覺到自己是很重要
的，都樂意與他合作，大家都打從心底接受他。

有位商人看到一個衣衫襤褸的鉛筆業務員，頓生憐憫之情，不假思索
地將 10 元塞到業務員手中，而後扭頭走了。沒走幾步，他突然覺得這樣

做不妥，於是連忙返回，抱歉地解釋說自己忘了拿筆，希望對方不要介意，還鄭重其事地對業務員說：「您和我一樣，都是商人。」一年之後，在一次商務活動中，一位西裝革履、風度翩翩的推銷商迎上這位商人，不無感激地自我介紹道：「您可能早已忘記我了，而我也不知道您的名字，但我永遠不會忘記您，您就是那位重新給了我自尊和自信的人。我一直覺得自己是一個推銷鉛筆的乞丐，直到您親切地對我說，我和您一樣是商人為止。」

憐憫不是尊重，因為憐憫不是將自己和別人的人格放在平等的位置，而是以一種高高在上的姿態來對別人的一種施捨，這種憐憫雖然也從某種程度上幫助了他人，但實際上是對別人尊嚴的一種傷害。

尊重是從心底釋放的對別人的人格、工作、成績的一種肯定，當一個人將自己和別人放在同樣的高度，這才是真正的尊重。

得意時善待他人，你失意時會需要他們

在很多電視劇中，我們都會看到這樣的劇情，一個人風光無限的時候，救了另一個人，在他落難的時候，曾經被救的那個人就會來報恩。這樣的劇情雖然看起來有點老套，但它們傳遞給人們的訊息都是一樣的：「人生得意的時候需要善待他人，因為你失意的時候需要他們。」

當一個人春風得意、高高在上的時候，周圍更多的是奉承、拍馬屁的人，將你高高地捧在天上，讓你覺得自己似乎無所不能。而當一個人在最高處時，最容易對別人不屑一顧，頤指氣使，因為在這個時候，世界在你眼中都是渺小的，更何況俯身在你身邊的人。殊不知這個時候，其實是你最危險的時候，因為人最容易在勝利時放鬆警惕，往往站得越高，摔得越痛。

有句諺語說：「在你向上爬的時候，要對別人好一點，因為當你掉下來的時候還會遇見他們。」或許你們一起打拚的時候，你是為別人付出最多的那個，但是當你站在山巔的時候，只有你一個人俯瞰大地。這個時候的你，恐怕早已忘了一起打拚時的兄弟情義，更多的是「一山不容二虎」的權力慾，古代的開國君王大開殺戒清除開國功臣就是一個很好的例子。這時候你心裡想的是如何讓鞏固自己的實力，恐怕從沒想過假如有一天當

你從這個高位上摔下來的時候，還會不會有一群兄弟像以前一樣和你肝膽相照，共同進退。你已經用冷漠無情為自己挖了一條不可跨越的鴻溝。

當你飛倦了，飛累了，飛不動了，試問「何枝可依」？佛家有禪語：「一片白雲橫谷口，幾多歸鳥盡迷巢。」當我們身處高位，當我們目空一切時，往往會犯下迷巢的錯誤，不知道自己的根在何處，不知道自己的依存在何處，不知道自己究竟為何人，不知道自己是否需要朋友。而當我們迷途不知返的時候，誰會願意為你指點迷津，誰又會願意借你一處安身之地？

有個人在政府單位了當了大官，於是不再理會原先的鄰居朋友，甚至刻意逃避他們，因為他覺得自己如今身分高貴，不再適合跟那些平民交往。一些以前的朋友來拜訪他，他總是找各種理由推脫，或者乾脆避而不見，久而久之，大家都不再來找他，一些人甚至直接和他絕交。可是這裡面的一些人是和他從小就在一起玩的夥伴，這樣對待他們，大官心裡也不是滋味，心情十分煩悶。

一天，大官決定去附近的寺廟中拜拜佛、散散心，驅散心中的鬱悶和不快。他一個人朝著山上的寺廟走去，他的旁邊，全是些結伴而行的人，他們的笑聲一聲一聲地刺激著大官的心，讓大官的心裡更加煩悶。這時，一位老禪師經過大官的身邊，看他愁眉不展，便上前詢問，大官於是將自己心中的苦悶傾訴了出來，希望禪師可以幫他化解煩悶、指點迷津。

兩個人交談著來到河邊，河邊一株桃花開得正豔，三分鐘熱風吹來，將樹上的桃花吹落水中。老禪師指著水中的桃花問：「施主，你知道為什麼這桃花只能落在水中嗎？」大官搖搖頭。禪師於是解釋道：「那桃花自以為風華絕世，所以一直向河面上生長，為的就是在水裡一睹高傲的容顏，

它不願意見到醜陋的樹根，不願意看見骯髒的泥土。結果春風過後，它也面臨著凋落的淒涼處境，終歸還是要回到泥土中來，可是樹根已經不再願意接納它，泥土也不願意再接納它，最終只能飄落水中，任由流水無情地沖走。」大官聽後若有所悟，拜別老禪師下山去了。

佛說平時修善之人，才有善緣，平時禮佛之人，才有佛緣，修前世之因，得後世之果。人生的一切都是有因果的，你待人不和善是因，必然要得到被人遺棄孤立的惡果。其實，人生就像踩翹翹板，你偶爾會站得很高，但是也會墮入谷底，當你站在高處的時候，就應該想到自己有一天可能會落入谷底之中，就應該以誠心待人，就要盡可能地得到更多人的支持和信任，那麼當你真的失意時，也不至於會那樣落寞，會無處傾訴，無人可以依靠。

做人就要像川澤湖海的水流一樣，河流江水四溢時，要分流一些湖泊之中，等到江流枯竭時，湖泊的水會反哺倒灌江河。這就是一種互補，一種相互寄存依託的生存智慧，所以當你春風得意的時候，不妨勻出一點福緣給別人，那麼等你失意落魄時，別人才會願意補充你一點福報。

不怕聰明，就怕自作聰明

《伊索寓言》（*Aesop's Fables*）中有一個故事，說的是有一頭驢，背著一袋鹽辛苦趕路，突然，牠不小心掉進了河裡，等牠上來的時候，發現背上背的袋子輕了不少，牠非常高興。第二次，牠背著一大堆棉花上路，心想要是再跌倒在河裡，重量又會減少很多，但沒想到，這次重量不但沒減輕，吸水的棉花反而壓得牠喘不過氣來。

這則寓言告訴我們，不恰當地耍小聰明，不但不會使自己受益，反而有可能遭受其害，貽笑大方。現實生活中，很多人自詡為聰明人，說著極聰明的話，卻做出了很多蠢事。他們自以為比別人聰明，自以為通曉一切，自以為可以取笑他人，可以到處高談闊論，其實根本不知道自己的能力底線在哪裡，更不了解別人的能力和智慧，結果只會到處招搖、到處炫耀，最終只能是讓自己陷入尷尬危險的境地。西方有句諺語說：「誰也不會比誰傻兩秒。」你覺得別人不如你，那是因為別人懶得和你計較。

法國著名畫家貝羅尼去瑞士度假，他在河邊寫生的時候，遇到了三個英國貴婦。貴婦們並不認識貝羅尼，不過平時也喜歡畫畫，所以在見到他的畫作後，幾個人忍不住連連嗤笑，覺得這些畫簡直狗屁也不是。接著她

125

們就對畫指手畫腳地發表了一通高論，貝羅尼則站在一旁虛心接受，並按照她們的要求一一作出修正。

第二天，貝羅尼再次來到河邊寫生，結果又遇到了那三位貴婦，她們主動上前跟他打招呼，然後說：「你畫得真的不怎麼樣，聽說大畫家貝羅尼來瑞士了，你為什麼不去找他指導一下，我們幾個來這就是專門來拜訪他的。」貝羅尼微微一笑：「實在不敢當，我就是妳們要找的貝羅尼。」三位英國貴婦聽了這番話非常驚訝和羞愧，沒想到被自己指指點點的人竟然是當世的大畫家，幾個人迅速紅著臉走開了。

在電影《阿甘正傳》（Forrest Gump）中，傻傻的阿甘總是被人欺負，他也知道自己比較笨，可是他的母親卻一直安慰和鼓勵他：「做蠢事的人才是蠢人。」在生活中，很多所謂的聰明人都在做著蠢事。「機關算盡太聰明，反誤了卿卿性命」的王熙鳳，一生精於算計，卻最終落得死無葬生之地；才高八斗，聰明絕頂的楊修，能處處看出曹操的用心，卻無法看到自己的死期已不遠；勸降盜書不成反中反間計的腐儒蔣幹，自以為立了大功，卻葬送了曹操的八十萬大軍。

想起了那個在大街上賣矛和盾的人，一方面誇自己的矛能夠刺穿一切東西，另一方面又誇口自己的盾可以防禦一切矛的攻擊，而那些喜歡玩小聰明的人，就和這個自相矛盾的人一樣，往往認為自己是天底下第一聰明人，可結果卻往往輸在那個自己認為很愚蠢的人手下，用自己的用自己的右手打了自己的左臉而已。

清朝著名的經學家、史學家畢秋帆少年得志，高中狀元，四十歲的時候已經名滿天下。有一次，他去山西赴任，途中經過一座寺廟，於是就想進去休息一下。大家聽說巡撫大人前來，都紛紛站起來迎接，只有一個老

和尚一直在那裡打坐誦經，並未理會。畢秋帆覺得自己無論是才學還是地位都是人人羨慕的，為什麼這個老和尚卻這麼冷落自己，他的心裡很不是滋味。

老和尚念完一卷經之後，離座起身，合掌施禮，說道：「老衲適才佛事未畢，有疏接待，望大人恕罪。」

畢秋帆問道：「老法師念誦的何經？」老和尚說：「《法華經》。」

畢秋帆說：「老法師一心向佛，摒除俗務，誦經不綴，這部《法華經》想來應該爛熟如泥了，不知其中有多少『阿彌陀佛』？」

老和尚知道對方有意嘲諷自己，於是反問道：「老朽資質魯鈍，隨誦隨忘，大人文曲星下凡，屢考屢中，《四書》、《五經》想來也應該爛熟如泥，不知其中有多少『子曰』？」畢秋帆聽後無言以對。

喝完茶之後，老和尚帶著畢秋帆參觀寺廟內的 18 尊羅漢。畢秋帆指著一尊笑羅漢問老和尚：「他笑什麼呢？」

老和尚不慌不忙地回答：「他笑天下可笑之人。」

「天下哪些人可笑呢？」

老和尚說：「恃才傲物的人，可笑；貪戀富貴的人，可笑；倚勢凌人的人，可笑；攀附權貴的人，可笑；阿諛逢迎的人，可笑；不學無術的人，可笑；自作聰明的人，可笑。」

畢秋帆聽後羞愧得無地自容，很快找了個藉口離開寺廟，從此之後再也不敢在人前賣弄才學了。

做人應該低調一些，要盡量保持心中的平靜和淡定，不要覺得自己站得足夠高，就可以摘到星星，不要覺得自己看得足夠遠，就可以預知未來，不要覺得自己足夠聰明，就可以目空一切。當你對自己的一切都覺得

很有把握時，就越有可能一無所獲，自作聰明就等於作繭自縛。從現在開始，就要收起你的自大，收起你的小聰明，收起你的目中無人，收起你的出風頭心態，當別人高談闊論的時候，你要懂得三緘其口；當別人犯錯誤的時候，你要懂得視若無睹；當別人向你探討請教時，你要懂得裝作無知；當別人妄圖在你身上占小便宜時，你要懂得吃虧是福；當別人都自稱是聰明人時，你要懂得在旁邊當一個傻瓜。

孔子說：「人皆曰：『予知。驅而納諸罟擭陷阱之中，而莫之知闢也。』」每個人都自以為很聰明，可是我們往往等到自己被驅趕到羅網陷阱之中也不知道如何躲避。所以，當你自以為聰明的時候，往往是最笨的那一個，而當你把自己當成傻瓜來看的時候，或許才是真正的聰明人，也只有把自己當成一隻笨鳥，你才會飛得更早，飛得更高。

己不如人勿生怨，人不如己莫輕看

　　每個人都會有虛榮心，這種虛榮心會成為一種衡量生活的標準，所以我們總是喜歡比個高低，你不想成為別人的配角和陪襯，但是從沒有人認為你是陪襯，你自己不靠過去，不和花爭豔，又何來花瓶之說，又何來陪襯之說。你不想活在別人的陰影裡，可是沒有人強迫你活在別人的影子裡，只不過是你自己主動站在別人的影子中，你和樹比高，注定會埋沒在樹影之中。古時有一篇文章寫道：「別人騎馬我騎驢，仔細思量總不如；回頭一看，還有挑夫。」做人沒有什麼好嫉妒、好生氣、好抱怨的，我們可以看看自己的身後，其實很多人還比不上自己。

　　淨空法師說：「凡夫最大的業障就是嫉妒心重，不懂得隨喜功德。」當我們不如別人時，就見不得別人比自己聰明，見不得別人身材比自己好，見不得別人生活條件好，見不得別人一切順心。但是嫉妒和怨恨那些比自己更強的人，實際上是一種自私狹隘的想法，其實想一想，你的怨恨能造成什麼作用呢，別人的生活不會因為你的抱怨和嫉妒而變的更壞，你也不可能依靠憤怒的心情來使自己的生活變得更好，無非是增加了自己無窮無盡的煩惱而已。

　　有人問亞里斯多德（Aristotle）：「為什麼心懷妒忌的人總是心情不愉

快呢？」亞里斯多德簡單地回答說：「因為折磨他的不僅僅是自身所遭受的挫折，還有別人的成就。」憤怒的背後其實是一種自卑心，你覺得自己比不上別人，覺得自己一無是處，你在怨恨強者的同時實際上也在貶低自己。《牛津格言集》（*The Oxford Book of Aphorisms*）中說：「如果我們僅僅想獲得幸福，那很容易實現。但我們希望比別人更幸福，就會感到很難實現，因為我們對於別人幸福的想像總是超過實際情形。」做人應該看開想開一些，安心過好自己的生活就可以了，何必對別人的好壞有諸多介懷，何必活在別人幸福的陰影之中。如果你也想成為別人那樣的人，也想像別人那樣過上好日子，那麼就應該真心敬重那些比你強的人，要懂得看到他人身上的長處，然後虛心向對方求教，這樣你才能有機會向他們靠近。

當然，如果你自己很幸福，你覺得自己的生活比別人好，那也不必自高自傲，不要有瞧不起人的想法，不要有什麼優越感。你覺得自己的工作比別人好，覺得自己比別人更有前途，覺得自己的能力比別人出眾，但這並不能代表什麼，不能代表你就比別人更加幸福。做人應該低調一些，謙卑一些，不要將因為自己很出色，就目空一切，你將別人的生活視若草芥，實際上等於踐踏自己的人格。

佛說眾生平等，平等就是沒有分別心，沒有高低貴賤之分，就是謙卑真誠。待人就應該低調一些，要以平等的心來對待他人，沒有誰比誰更好；要以平和心來看待他人，沒有誰比誰更差。那些不如自己的人，他們的生活同樣多姿多彩，他們同樣能夠尋找到自己生活的幸福，你不能以自己的幸福標準來貶低他們，不能以自己的要求去衡量別人的生活，而且當你在輕視別人的同時，那些比你更好的人也許正在輕視你。

　　我們不需要去嫉妒那些比你更出眾的人，因為再強大的人也未必是你想像的那樣幸福；也不要取輕視那些不如自己的角色，即便卑微如塵土也有它的功用。生活最重要的是低調地做回自己，無論是嫉妒還是輕視，那都是對自己的一種貶低。見不得別人比自己強，只會自卑自毀，自尋煩惱，看不起比自己弱的人，只會自高自傲，招來災禍。不要因為自己的卑微，而記恨別人的高貴，也不要因為竊喜自己的高貴，而鄙視別人的卑微。把自己放低了，把自己的心態放低了，那麼世間就沒有高下的區別。

　　有個俗家弟子想要修成正果，於是潛心修佛幾年，覺得自己有所成，於是開始到處講學。他自以為佛法高深，經常看不起那些誦經打坐之人，覺得像他們這樣的人雖然剃度出家，但即便念一輩子經書，即便敲一輩子的木魚，也根本難有作為，每天都念著阿彌陀佛，實際上也許到死也成不了佛。他常常和人講佛論佛，自恃有一點佛學基礎和悟性，就總是辯得別人無話可說，過後還要將對方羞辱嘲諷一番。

　　他看見身邊沒有什麼人在修為上超過自己，於是決定出去雲遊，可是雲遊之後，他才發現自己的渺小，有很多佛徒在修為上完全超過了他。這讓他懊惱不已，以前的優越感蕩然無存，而且強烈的好勝心和嫉妒心使他都陷入痛苦之中。有一次他向佛祖傾訴：「為什麼我一直達不到別人那樣的境界？」

　　佛陀回答說：「修佛修的是自然心，又何來境界之說。」

　　「那麼我究竟能不能成佛？」他接著問。

　　佛陀搖搖頭，表示不能。俗家弟子聽了很失落，於是急忙詢問原因。佛陀笑著說：「因為你有嫉妒心，因為你有分別心。其實佛沒有高低之分，沒有固定的形態，沒有固有的形式，沒有誰比誰修的佛更好。你嫉妒別人

心中的佛，已然丟掉了自己心中的佛，你輕視別人心中的佛，就等於磨滅
了自己心中的佛性。」

　　人外有人，天外有天，這是規律，是定理，你比別人強，就一定會有
比你更強的人，所以做人要看得更淡一些，要拋開虛榮心，須知比上不足
比下有餘。既然「木秀於林，風必摧之」，那麼我們不要做那「秀」於眾
人之上的高木，也不要成為摧木折枝的風，最好是做一個謙卑低調的自
己，做一個知足常樂的自己。放下嫉妒心，那是一種心境，平等看待不如
自己的人，則是一種修養。

　　我們每一個人都是幸福的發光體，既然如此，那麼既不要嫉妒月華的
光芒，也不要折辱星光的黯淡，不妨安然自處，發自己的光去照亮自己的
人生路。

人有自知，切勿賣弄

在著名的佛學經典《涅槃經》中說道：「一切眾生悉有佛性，如來常住無有變異。」也就是說佛者覺悟之義，性者不改之義，佛性就是指人性之中永不改變的覺悟之性。俗話常說：人貴有自知之明。其實，佛心，也是一種「明」，其主要主旨就是告誡大家注意自身的缺點，還要慎重地看待是否賣弄自己的優點。

「明」字是由一日一月組成，如果將它比喻成黑白兩種顏色，它就是可以代表世界的初始。正如《易經》中所言：「一陰一陽之謂道。」所謂自知之明，就是自己本心之中發出的覺悟，這也是一種人生態度。人生最大的智慧就是有自知之明，這是非常可貴的，如果到處炫耀自己的才華便會招致不幸。

得明之源為自知，成功因明而名。很多人納悶：「我本來就是我，怎能可以說不了解我自己呢？」其實並不是這樣的。有的人對於別人了解得非常透澈，了解環境，了解社會，甚至可以洞悉整個世界，但是對自己的了解卻是非常的少，要做到自知非常的困難。大千世界，茫茫人海，可以真正徹底的了解自己的人非常少，而不能將自己擺在合適位置的人卻非常少。做個有自知之明的人，我覺得我們的人生活得更輕鬆一些。

馬祖是唐朝極為著名的禪師，他有一個弟子叫鄧隱峰，有天這個弟子感覺到自己已經開悟了，於是便向馬祖提出懇求，幫自己放假去拜見石頭大師，來試驗自己的所得。

馬祖知道那位大師是一個非常厲害的人物，便對弟子說：「石頭路滑，參不得。」

鄧隱峰說：「我是做戲而已，不管石頭滑不滑。」

馬祖聽到弟子這樣說，就同意弟子去試試。

鄧隱峰見到石頭禪師，順著大師的身子繞了三圈，表示行禮，然後便將一把禪杖插在土中，問大師：「師父，你說這是什麼？」

誰知大師全然沒有理會他，仰觀天空，並將雙手舉起來，說：「蒼天！蒼天！蒼天！」鄧隱峰被這樣的情況搞得一頭霧水，然後繼續問，石頭又說「蒼天！蒼天！蒼天！」鄧隱峰不知如何應答，便回去問馬祖大師，大師講：「這樣，你再考驗一次，若是他再說『蒼天！蒼天！蒼天！』，你邊便說『嘘！嘘！嘘！』就行了。」

鄧隱峰得到師父的開悟，於是又來考驗石頭大師。見到禪師後，他還是那樣轉了三圈，將禪杖置於地上，問道：「師父，此為何物？」

他心中想著石頭大師會說「蒼天！蒼天！蒼天！」誰知石頭脫口言道：「嘘！嘘！嘘！」

大師既然已經講了「嘘！嘘！嘘！」鄧隱峰自知無言以對。沒有辦法，只好回去問馬祖。馬祖說：「我已經說過石頭路滑參不得。」後來對石頭大師的話進行了仔細研究，終於還是開悟了。

常言道，人外有人，天外有天。馬祖的弟子認為自己已經開悟，忘乎所以，開始目空一切，不知自己的斤兩，結果在石頭大師面前只能悻悻而去。

現實生活中，有些人的表現就是在自欺欺人，為自己僅有的一點優勢便忘乎所以。本來也就並沒有很深的造詣，還在那誇誇其談，常常是眼高手低讓人恥笑，力不從心；有的人，心懷鴻鵠之志，若是給了他施展的條件，卻往往是非常不如意，令人抱憾。有的人，目空四海，妄自尊大。人如果沒有自知之明便不能看透自己，也永遠得不到別人的欣賞，而且極容易為自己造成一些沒有必要的麻煩。

在人生的道路上，一個人若是可以做到知己知彼，並且可以正確對自己的能力進行考量是非常重要的。因為高估自己，而輕蔑他人，這是我們經常犯的錯誤。一位總裁說：「自作聰明的人總以為自己比別人知道得多，這離無知也就一步之遙了。」事實表明：自作聰明的人可能比那些愚蠢的人更加愚蠢，那些輕蔑別人、驕傲自滿的傢伙總是作繭自縛，不得不吃下自己種的苦果。愚蠢的人如果清楚自己的情況，就會謹慎從事；自作主張的人往往是自作聰明，弄不好反而將事情弄得更糟，犯下難以彌補的錯誤。

在古代的時候，有一個人非常喜歡養鳥，而且花重金用金絲編了一個鳥籠，將一隻會說話的鸚鵡關在裡面並放在樹上。有一天，這隻鸚鵡在學人說話，忽然來了一隻百靈鳥，聽到鸚鵡的聲音便笑著說：「呀！你難道是在唱歌嗎？真是太難聽了，你難道沒有聽過我的聲音，我的聲音才是唱歌呢。」說著便唱起歌來。聲音的確清脆，悠揚動聽，好像是清風拂面，清泉流水，鸚鵡陶醉在其中。

正當百靈鳥唱得起勁，突然有一張巨大的絲網落了下來，主人極為激動，欣喜若狂的說：「哈哈，我從沒有聽到過如此動聽的歌聲，相比之下，鸚鵡的聲音太刺耳了。」主人於是便將鸚鵡放了，將這隻百靈鳥關入金絲籠中。

看著飛遠的鸚鵡，百靈鳥不得不感嘆：「唉，全怪我自己，賣弄自己嘲笑別人，讓我落到這個下場」。

可見，過分的賣弄後是不會有好結果的，就像那隻百靈鳥賣弄自己的歌喉而被抓。所以，當我們只是看見對方的不足，卻沒有意識到危險離自己越來越近。因此，在激烈的社會競爭中，有自知之明的人才會揚長避短、韜光養晦，才能在特定情況下仍然可以保全自己的利益，否則的話極容易作繭自縛。

佛語：人貴在自知！諸葛亮因為自知自己無帝王之福，所以盡全力輔佐劉備，鞠躬盡瘁，死而後已，成為一代良相；張良因為自知之明幫助劉邦得天下後而退隱，能夠明哲保身；曾國藩將太平軍打敗之後，因有學會了自知而選擇隱退。「人貴自知」不是一種自卑放棄的現象，而是讓你更清楚地了解自己，當你自己感覺到清醒，自然不會別人當成是笑柄，毀了自己未來的前途。過分的賣弄也意味失去更多的東西，我們應該不斷地充實人生，應該學會自知。

一切難行能行，難忍能忍是菩薩道

佛家有云：「忍一時，風平浪靜；退一步，海闊天空。」我們忍住一時的情緒不發作，就可以避免很多不必要的麻煩跟損失。佛陀曾經說，忍就是一種修行，修行夠了，我們自然就得道了。忍受是一種歷練。忍受並不代表懦弱，而是一種生活的智慧。不將別人的汙言穢語放在心中，以一種豁然大度的氣度對待那些氣勢凌人的人，無形中，是給了那些人一種更大的壓力，就像諸葛亮的空城計一樣，先從氣勢上勝人一籌，不怕對手不認輸。

忍受有時候也是一種無聲的反抗。你不吭聲，並不代表你同意，而是你想將事情先平息下來，等大家都平靜的時候再決定，這樣，可以將傷害降到最低，也能避免一些不必要的損失。

在漢字中，「忍」字的上方是一把刀。心上一把刀，就是告誡人們做事要冷靜，要三思而後行，不能莽撞。在佛經當中有過這樣一個故事。

相傳有一位得道的蔡姓祖師，成年不久雙親就離開了人世，給他留下了田產和家業，蔡先生非常勤勞，田裡的菜自己吃不完，就拿到市場上去賣，賺一些零用錢。

　　蔡先生娶了一個年輕又漂亮的女子為妻，不過這位女子的內心不像她的容貌一樣漂亮，而是好吃懶做，又與一個男人不清不楚。蔡先生發現了自己妻子與別人的不軌行為，但不說破。時間一長，她的膽子逐漸變大了，竟然每日都與那名男子幽會，肆無忌憚。

　　這天，蔡先生很早去出去賣菜了，他猜想那個男人還沒有離開他的家，就買了酒肉提前回家。那個男人的確還未離開，聽見蔡先生回來了，他急忙躲到了床下。

　　蔡先生親自下廚房做好了飯菜，讓妻子擺好餐具用餐。妻子擺了兩副餐具在桌上，蔡先生卻讓她擺三副，並且對她說，今天有客人要來。妻子只得擺好三副碗筷。蔡先生於是叫客人出來吃酒飯，妻子問道：「你說的客人在哪？」蔡先生回答說：「就在房子裡。」妻子說：「你不要胡說，房子裡怎麼會有客人呢？」蔡先生卻說：「沒有關係，妳讓他出來吧，他要是不出來，我就殺了他。」妻子只好讓那個男人出來。蔡先生請男人坐下，還向他敬酒。

　　吃過飯菜，蔡先生向著那個男人拜了三拜，說：「今天是個好日子，我的妻子年輕沒人照顧，幸虧得到你的照顧，我的田地財產和妻子你都收下吧！」那個男人和妻子一聽都傻了，不知道蔡先生葫蘆裡賣的什麼藥，當然不敢答應。蔡拿著刀威脅道：「你們若不答應，我就殺了你們。」兩人沒辦法，只好答應。

　　第二天，蔡先生來到一座山的寺廟中出家為僧，一邊修行，一邊勞動，後來，他成了一個真正頓悟的禪師。

　　懂得忍，才會知道何為不忍。只知道不忍的人，就像手舞木棒的孩子，一直把自己揮舞得筋疲力盡，卻不知道大多數的揮舞動作，只是在不斷地浪費自己的體力而已。

　　一年的寒冬臘月，一個名為「滴水」的和尚去天龍寺拜見儀山禪師。

　　外面下著很大的雪，可是儀山禪師卻不讓他進門。於是，那個和尚就在門外一直跪著，這一跪就是三天。儀山的弟子看他可憐，紛紛為他求情，可是儀山卻說：「我這裡不是收容所，不收留那些沒有住所的人。」弟子們沒有辦法，只好紛紛離開。

　　到了第四天的時候，那個和尚身上龜裂的地方開始流血，他一次次地倒下又重新起來，但他依然跪在那裡，雷打不動。儀山下令弟子：「誰也不准開門，否則就將他逐出門外！」

　　七天後，那個和尚終於支撐不住，倒了下去。儀山出來探了一下他的鼻息，發現還有一絲呼吸，於是便下令將他扶了進去。最後，滴水終於進了儀山禪師的門下參學。

　　有一天，滴水和尚向儀山禪師問道：「無字與般若有什麼區別？」

　　話沒說完，儀山就一拳打了過來，大吼道：「這個問題豈是你能問的？滾出去！」

　　滴水被儀山的拳頭打得頭暈目眩，耳朵裡只有儀山的吼聲。忽然間，滴水想通了：「有與無都是自己的膚淺意識，你看我有，我看我無。」

　　還有一次，滴水感冒了，正在用紙擤鼻涕的時候，被儀山看到了，他大聲喝道：「你的鼻子比別人的血汗珍貴？你這不是在糟蹋白紙嗎？」滴水不敢再擦了。

　　很多人都難以忍受儀山的冷峻，可是滴水說：「人間有三種出家人，下等僧利用師門的影響來發揚光大自己；中等僧欣賞家師的慈悲，步步追隨；上等僧在師父的歷練下日益強壯，終於找到自己的天空。」

忍辱並不是所有人都可以做到，有的人將萬般的折磨都忍了下來，有的人卻無法去忍。忍辱負重的人常常可以做到普通人無法做到的事情，所以，忍也是我們生活裡的一種手段。眼前的忍有助於未來的成功，佛陀也將忍作為修行的重中之重，忍可以豁達一個人的心胸，一個人的心智，和一人的境界。所以，能否誰會忍受是一個人獲得成功的關鍵。

傾聽才能贏得更多掌聲

美國著名的導演史蒂芬‧史匹柏（Steven Spielberg），有一次在片場見到一個年輕人在拿本子在記錄著什麼，於是就好奇地走過去看，結果發現年輕人在將別人說過的有用的話一一記錄下來。史蒂芬‧史匹柏於是問道：「他們都在說，你為什麼不過去說幾句呢？」年輕人一看是導演過來了，連忙起身，靦腆地說：「人人都想去說，可是總得有聽眾吧！」史蒂芬‧史匹柏開玩笑說：「他們可不是什麼大明星，你為什麼會對他們的話感興趣？那些傢伙只會胡說八道。」年輕人笑一笑說道：「我不去聽，怎麼能夠知道他們哪些話是對的，哪些是錯的，聽一聽，總是有些用處。」史蒂芬‧史匹柏連連點頭，接著問他來自哪裡？年輕人說他是哈佛的畢業生，想來這裡當個演員。史蒂芬‧史匹柏笑著說：「你明天可以來我的劇組上班。」

上帝為什麼為我們安排了兩隻耳朵，而只有一張嘴？那就是要求我們少說多聽。但並不是每個人都只願意做聽眾。在這個張揚個性的年代裡，每個人都希望自己是備受矚目的主角，每個人都想在別人面前展現自己是多麼優秀，自己的想法是多麼獨特，自己的聲音是多麼悅耳。但如果每個人都是主角，每個人都只顧著表現自己，那麼，誰來欣賞你的表演呢？誰能聽見你的高談闊論呢？誰來評判你的優秀呢？

要想讓別人為自己鼓掌，就要先學會為別人鼓掌；要想當一個好主角，就要先從配角演起；要想聽清別人的談話，就要從傾聽學起，有時候，當一個專注的聽客和看客，比做主角能學到更多的東西。所以佛說：「最有智慧的人，不是說的最多的人，而是聽得最多的人。」

道引禪師有一次和別人談論佛法，說到興起處，竟然連續說了幾個小時，別人根本插不上嘴，結果很多僧人都很不高興地走開了。道引禪師卻渾然不覺，依然自顧自地說著。等到天漸漸變黑了，他才稍稍收斂一些，卻發現身邊的人已經寥寥無幾了。這時，他才意識到可能是自己的話太多了，讓別人產生了反感。他非常不好意思，低著頭準備離開。

這時他發現有個老和尚一直站在身邊沒有離開，於是非常好奇地問：「大家都走了，你為什麼還不離開呢？」老和尚微微一笑，說道：「我還想再多聽一些。」這番話一說出口，道引禪師的臉一下子就熱辣起來，他尷尬地對老和尚笑了笑：「我的聽眾都被嚇跑了。」老和尚回答說：「至少還有我一個。」接著，兩個人相視一笑，然後一起離開。

一路上兩個人就聊了起來，結果道引禪師發現站在自己身邊的人竟然是佛法高深的大智和尚，沒想到這樣一位高人竟然聽自己講了一個下午的佛法，道引既覺得欣喜，也覺得羞愧，畢竟大智和尚的佛法修為是眾所周知的，自己如今豈不是有班門弄斧的嫌疑。想到這裡，道引禪師就問：「為什麼你剛才不說話呢？以你的修為，我相信一定會聞者雲集。」大智和尚卻搖搖頭說，笑著說：「我說得再多，也只是自己的一些東西，但是我聽到的東西卻全部都是別人的，而且很可能是我自己所缺少的東西，這樣不是更好嗎？」道引禪師聽後羞愧不已，從此以後，再也不敢在人前故意炫耀了。

　　傾聽是一種心靈的交流，是一種尊重和信任，生活中的任何時候，任何場合，都要學會傾聽別人。面對父母，無論你有多麼強大，無論你多麼有主見，無論你有多麼獨立，也要認真地伏在父母親的膝蓋上聽他們的嘮叨，聽他們的教誨，聽他們的囑託。面對他人，無論你的能力有多高，無論你的地位有多尊貴，無論有多麼博學，也要尊重別人的發言，也要適時為別人的想法鼓掌。任何時候，我們都該謙卑地俯下身，聽聽別人說了些什麼，聽聽身邊的人都有什麼樣的想法，都該認真地為別人的演講鼓一次掌。

　　越是想要讓別人了解自己、關注自己，我們往往就越容易忽視別人，其實最好的辦法就是先去了解別人，先了解別人的想法，了解別人的性格，了解別人的內心世界。你不主動去傾聽，不給對方傾訴的機會，那麼自然也就沒有辦法抓住對方的心。只有傾聽才能了解別人在想些什麼，才能拉近彼此之間的距離，才能讓別人覺得你是一個值得依靠的人，才能為自己贏得更多的掌聲。

　　在小說《傲慢與偏見》（*Pride and Prejudice*）中，伊莉莎白有一次遇見了一位從非洲旅行回來的紳士，於是就安安靜靜地坐在一旁聽這位男士講述他在非洲的見聞，由於聽得入迷了，伊莉莎白幾乎一言不發。等到話題聊完之後，男士和她也分手了，可是離開之後，那位紳士卻對別人說：「伊莉莎白是個多麼善於言談的女孩啊！」有時候傾聽也許比你說話更能表明你的內涵，更能突顯你的個人魅力。我們應該做一個低調的傾聽者，當一個華麗的陪襯。

第六章

面對不平常事，更不可缺少一顆平常心

面對不平常事，最難得是平常心

人生來就很平常，平常的人才是正常的人，正常的人才能擁有一顆平常的心。

從前，山上有座寺廟，廟中有個小和尚，法號慧空。他聰明伶俐，非常討方丈的歡心，所以老方丈打算將衣缽傳給他，但是不知道他能否擔此重任。

有一天，老方丈正在參禪打坐，突然聽到了庭院之中有嘈雜聲，於是放下經書走到院子中。他剛到，弟子們就圍了過來，問老方丈：「為什麼我們都來三年了，還是讓我們天天念經，是不是師傅不想將佛法的精妙傳給我們啊？」方丈聽了，搖搖頭對那些弟子說：「徒弟們，那裡有幾個水桶，你們每個人提著水桶到河邊打水，誰最先將一桶滿滿的水打回來，我就將佛法的精妙傳給誰。」弟子們聞言興奮地去搶水桶，而慧空卻站在那一動也不動。直到其他的弟子七手八腳的提著桶出了門，慧空才慢慢的提起最後的那個水桶，朝著門外走去。

一會之後，打好水的弟子們就回來了，因為每個人都想第一個將水提進來，所有人在門口擠成了一團，有的桶裡的水全部灑了出來，有的剛擠到前面就被門檻絆倒了。折騰了半天，誰也沒有將一桶滿滿的水提進來。

在大家的吵鬧中，慧空一個人提著滿滿一桶水，穩穩地放在院子中，其他弟子頓時默不作聲。

最終，慧空繼承了方丈的衣缽。

慧空的聰明，就在於他能保持一顆平常心，所以在方丈說誰先提一滿桶誰回來就將佛法的精妙傳給誰時依然淡泊、平和。爭即是不爭，不爭即是爭，慧空用自己的平常心為自己贏得了勝利的機會。

2012 年諾貝爾文學獎剛剛揭曉，莫言的名字便傳到了世界各地，但面對這個獎項，莫言卻依舊淡然、平和，他說：「聽到獲獎的消息，我很高興。但是我覺得獲獎並不能代表什麼。」莫言說，接下來還是會將大部分精力放在新作品的創作上。莫言的二哥在接受媒體採訪時表示，對於弟弟得獎自己「很高興」。當被問及是否計劃全家共同慶祝時，他平淡地答道：「這很平常。」

除了莫言，還有很多名人、大人物都能在盛名之下保持一顆平常心，例如堂堂的大學校長，卻為學生默默地看守行李，例如多次登上奧斯卡頒獎臺的李安等等，一個人只有保持一顆平常心，才能在災難來臨時不慌不忙，才能在幸福來臨時不驕不躁。

古印度有一個學僧無量，雖精於禪道的修持，但始終不能頓悟，眼看比他晚入參禪學道的同參中都有不少人對禪都能有所體會，想想自己實在沒有資格學禪，既不幽默，又無靈巧，使終不能入門，心想還是做個行腳的苦行僧吧。於是無量就打點行囊，計劃遠行。臨走時便到法堂去向圓真禪師辭行。

無量稟告道：「老師，學僧辜負您的慈悲，自從皈投在您座下參學已有十年之久，對禪乃是一點了悟都沒有，我實在不是學禪的料，今向您老

辭行，我將雲遊四方去。」

圓真禪師非常驚訝問到：「為什麼沒有覺悟就走呢？難到別處就可以覺悟嗎？」

無量誠懇稟告到：「我每天除了吃飯、睡覺之外，都精進於道業上的修持，我用功就是因緣不合。反觀同參的道友們一個個都回歸根源，我已經感到倦怠了。所以，我想我還是做個行腳的苦行僧吧！」

圓真禪師聽後開示道：「悟，是一種內在本性的流露，根本無法形容，也無法傳達給別人，更是學不來也急不得。別人有別人的境界，你修你的禪道，這是兩回事，為什麼要混為一談呢？」

無量道：「老師，您不知道，我與道友們一比立刻就有大鵬鳥與小麻雀的慚愧。」

圓真禪師佯裝不解似的問道：「怎麼樣的大？怎麼樣的小？」

無量答道：「大鵬鳥一展翅能飛越幾百里，而我只限於草地上的方圓幾尺而已。」

禪師意味深長的問到：「大鵬鳥一展翅能飛越幾百里，牠已經飛越生死了嗎？」無量禪僧聽後默默不語，若有所悟。

在競爭如此激烈的今天，社會為我們每個人都提供了發揮才能、展示自我的機會。然而在這個競爭激烈的體制下，成功人士畢竟是少數，大多數人還是在平凡的職位上為自己的衣食住行忙碌奔波著，面對別人的成功，面對別人的榮華富貴，身為眾多還在為生活奔波的我們，要想開心幸福地過日子，就必須學會欣賞每個瞬間，必須存有一顆平常心。

保持一顆平常心，才能理性地戰勝自己。每一個人都有自己的長處和短處，但人真正了解自己，了解自己卻是不容易的事。我們只有在心態平

靜、心情平和的時候，才能發掘自己的長處，找到前進的方向，鎖定人生的目標。我們只有在心態平和的時候，才能看到自己與他人的差距在哪裡，從而不會再自傲自大，目中無人。我們也只有在心態平和的時候，才會發現自己需要的並不是很多，一頓簡簡單單的飯菜就可以填飽肚子，一件普普通通的衣服就可以遮寒擋雨，為了外表的光鮮與口腹之慾而拚死拚活是多麼傻的一件事。在心態平和中，你才會慢慢明白：活著不是為了吃飯穿衣，而是為了在世界上留下一點你曾經來過的來過的痕跡。

平常心是一種超越凡俗、超越功名利祿的大悲憫、人情懷，是貌似不動聲色，實則聲色盡收眼底的超拔和脫俗。表面的平常，需經多年的痛苦磨練方能獲得。心平氣和不僅是大家提倡的一種生活狀態，更是我們想要快樂一生而必須具備的精神狀態。能否以平和的心態對待生活，對待他人。對待榮辱升沉。對待種種意外，是人生境界和人生氣象的重要表現。我們每個人活著的目的就是在創造成功的過程中盡情地享受快樂。只有心平氣和才能讓自己的生活豐富多彩，才能使自己的一生滿載快樂。

痛苦如鹽，鹹或淡取決於容器

曾經有人在雜誌上投稿了一篇文章，感嘆人生路途越走越窄，真切地點出了當代人的徬徨、苦悶與迷茫，引起了讀者廣大迴響。直至今天，很多人仍然在想：我為什麼會感覺活著那麼累，為什麼人生的路越走越窄？其實，我們並不想讓自己活得這麼累，但我們卻無法控制自己看到別人成功時豔羨的眼神，無法控制想到自己前途時迷茫的道路，無法控制做了錯事而自怨自艾的悔恨，無法控制受到不公正待遇時的耿耿於懷。我們可以控制自己的飲食，控制自己的身體，但我們永遠無法控制自己內心對財富的欲望。所以，我們覺得活著很累。

我們都想坦然的放下自己的欲望，可是我們一次次地為自己找藉口，我要生活，我要養活老婆孩子，我要出人頭地等等。所以，我們只好讓自己在放下與欲望中掙扎。最終，不管是欲望戰勝了放下，或者是放下戰勝了欲望，或者是兩者達到了平衡，我們離開這個世界的時候，才發現，不管是什麼，原來我一樣也帶不走。

有個小和尚總是喜歡抱怨生活，因此一直活得很痛苦，他向自己的師父傾訴。師父沒有多說什麼，只是讓他買一袋鹽回來，然後讓他抓一把鹽放在一杯清水中。師父讓小和尚嚐一嚐這杯水的味道，小和尚喝了一口然

後回答說：「很鹹。」師父點點頭，然後帶著小和尚來到湖邊，將剩餘的鹽全部倒在湖裡面，這次，他又讓小和尚嚐一嚐湖水的味道，小和尚照辦了。

師父問道：「現在水是什麼味道。」小和尚回答道：「純淨甜美。」師父接著問：「嚐到鹹味了沒有？」小和尚搖搖頭。師父於是笑著說：「這就對了，同樣是鹽，將它放在不同的容器中，它的味道就會不同，生活中的痛苦就像這些鹽一樣，是鹹還是淡，完全取決於你將它裝在什麼容器之中，你願意做一杯水，還是一片湖？」小和尚聽了，立即覺悟過來。

執著於一片落花的是憂傷的詩人，他的春天是傷感衰敗的，放得下這一片落花的是美學家，他收穫的是滿園春色。人生多有不如意，幸福生活也會有雜質，關鍵是看你以何種心境來看待生活，人心需要豁達一些，平和一些，把心放開了放靜了，那麼痛苦恰如一粒微塵，任它飛揚起舞，任它風聲鶴唳，卻何曾遮蔽一草一木，又何曾濁化朗朗青天？任它攜風帶雨，任它漂河入海，卻何曾破發一絲聲響，又何曾驚起半點漣漪？

人生應該更加豁達瀟灑一些，如果是一粒沙子，不如讓它飄入風中；如果是一塊醜石，且不妨沉入海底；如果是一道皺紋，且留在生活的笑容之中；如果是一絲白髮，就讓它留在時間的鬢角；如果是一聲嘆息，切讓它在寂寞中消逝；如果是一滴眼淚，就讓它落在手心感受溫暖。做人要將生活看得更遠，將心放得更開，要從痛苦那個卑微的點中跳出來，可以尋找更多快樂幸福的事情。

有個人一生都過得很失敗，都很不幸，自己的家庭被人拆散，另一半也跟著別人走了，自己的事業則毫無起色，家產也全都失去了，他自己的生活顛沛流離，就像乞丐一樣。遭受如此多的刺激，別人都為他可惜，可他自己卻整天都笑嘻嘻的，根本就像沒什麼事情發生一樣，而且看起來似

乎比其他人還要更加開心。旁人以為他瘋了，問他為什麼那麼開心，難道不知道自己的生活一直很苦楚嗎？

他微微一笑：「我的生活的確很苦楚，但我為什麼要哭喪著臉，其實那些不幸的事情我早就不放在心上了，我在世上活了三十年，那些不幸全部加起來還沒有占去十分之一的時間，和那些開心的事情相比，還沒有占到百分之一，我都記不得那些事了，而且也沒空去記起那些事。現在我有那麼多的時間去享受快樂，我還有那麼多的快樂可以享受，為什麼要不開心？」

痛苦和不愉快的事情究竟占據了人生多少空間，究竟占去了你多少的時間，在人生的長河中，難道你沒有遇到愉快幸福的事情，難道失敗才是生命的主旋律？難道除了憂傷，你就沒有其他什麼事情可做了？我們還有更多的幸福，我們還有更多的時間去追求幸福，你放不下心中的痛苦，放不下心中的枷鎖，這樣就等於將自己困鎖在痛苦之中，我們的生活自然也就沒有任何幸福可言。

我們何必和自己過不去，何必將自己逼入狹窄的通道。人生總是會有一些不如意的事情，但是以平常心來對待，那麼這些小瑕疵實際上根本無礙於你的幸福，完全沒有必要記掛在心頭。「放開懷抱不須焦，萬事付之一笑。」人生應該放開懷抱，我們裝得下苦和樂，裝得下喜和悲，裝得下得與失，裝得下是與非，裝得下笑容和眼淚。你的心中能放下多少痛苦，你的心境有多開闊，用一顆博大豁達的心去丈量生活，那麼任何悲傷和痛苦，任何的汙點和不堪都是微不足道的，我們才能真正放下，才能重拾生活的信心，才可以愜意地在庭院裡看花開花謝、雲卷雲舒。

生活需要淡定一些，需要放開胸懷，不要因為一顆微不足道的痣而輕易抹殺我們臉龐的美麗。

擔得起放得下，擁有陽光般心態

佛說：「放下欲望，我們便可以從中解脫出來，也讓我們這樣快樂的心去做更多的事情」。

佛說：「放下包袱，我們可以讓一些複雜的事情變得簡單起來，心中沉重的包袱也會放下來」。

一個年輕人背著一個很大的包袱，不遠千里來請法師指點迷津。他說：「法師，您知道我現在是多麼孤寂無助嗎？為了找到我的快樂，我長途跋涉非常疲憊，我的鞋子破了，路上的荊棘割破了我的雙腳，我的手也受傷了，一直在流血，嗓子因為長期的呼喊而沙啞……可我卻為什麼找不到自己的快樂呢？」

法師聽完年輕人的敘述，便問道：「你背的大包袱中都是些什麼啊？」

年輕人說：「這些東西對我來說非常的重要。裡面裝的都是我受傷之後的痛苦，每一次受傷以後的淚水，每一次煩惱之後的痛苦……依靠它，我才來到您這裡。」

這時，法師將他帶到一條河的邊上，他們坐船過了河。

在上岸之後，法師對年輕人說：「你扛著船上路吧！」

「什麼？法師你怎麼讓我扛著船趕路，」年輕人臉上寫滿了疑問，「它那麼重，我扛不動啊！」

「是的，年輕人，你真的不能扛動它。」法師微微一笑，「當我們需要渡河的時候，這條船非常有用，但是等到我們過完河，就應該棄船登岸，然後繼續趕路，否則船就是我們的累贅、包袱。所謂孤獨、痛苦、災難、寂寞、眼淚，這些都是對我們的人生有幫助的，它能鍛鍊我們的意志、品格，但是有時候需要將他們忘記，如果你總是不忘記，他們就會成為我們心靈的包袱。因此，年輕人，應該將那些過往不好的精力忘記，這樣你才能找到快樂。」

這個年輕人聽完法師所講的話，他將沉重的包袱放下來，然後繼續趕路，他真的感覺自己輕鬆了很多，現在比以前快樂了，他深深地嘆到：「原來人生沒有必要那樣的沉重」。

人往往擁有的越多，煩惱就越多。因為萬事萬物本來就隨著因緣變化而變化，我們卻試圖牢牢掌控讓它不變，結果自然沒有人能做得到。人生的道路上，很多人都有貪得無厭的心態，俗話說得好：「慾壑難填。」自古以來，人們都有著對金錢、美女、權力等一切美好事物的嚮往，它猶如滔滔江水，在人們內心深處澎湃，因小失大的事情，使自己終身遺憾，正因為有這樣喜貪的毛病，反而失去了太多，結果是竹籃打水一場空。只有學會放下，你才能夠騰出手來得到自己真正想要的東西。

有一次，一位有名望的大師帶著徒弟外出講經。當他們路過橋邊的時候，正好趕上洪水爆發，洪水將唯一的出路沖毀了。師徒二人在河邊有些為難，心想：「這怎麼過去呢？」

　　就在這個時候，有位非常年輕的女孩子也要過河，看到橋梁斷了，心中非常的著急。這位大師見狀於是上前：「女孩，妳想過河嗎？這樣好了，我背妳過去。」因為女孩有急事要辦，所以也不顧及男女有別，於是她便回答「好啊！好啊！」大師於是背著女孩穿越河水過去了。他們很快便來到對岸，大師將女孩穩穩地放了下來，她道謝後便各奔東西了。

　　然而，在後面緊緊跟隨的徒弟在想：師父經常對我們說，「男女授受不親」，今天過河遇到這樣美麗的女孩，卻非常高興地背著她過去。但是，因為這是師父的行為，自己是徒弟，所以一直不敢將這種想法說出來。

　　可是，就是一天一天的過去了。徒弟心中仍然放不下那件事。終於有一天，他跑到師父面前將自己的想法說了出來。師父一聽，立刻大笑起來：「哎呀！徒弟，你這樣活著不累啊！我將女孩放到對岸便放下了，而你卻將她背在了心上，而且就這樣背了三個月，你還沒有放下，真是辛苦啊！」

　　所謂「智者無為，愚人自縛」，人通常喜歡自己為自己的心靈套上枷鎖，就像故事中的徒弟一樣。功名、金錢、愛情、事業，皆是心中求之欲得的，而正是這一味的追求，無節制的欲望，使人緊張忙碌，疲於奔命，這就是放不下。因為放不下既得的舒適環境，有人習慣於當無為的官，守攤子保位子；因為放不下看重的「聲譽」和「榮譽」。一些人害怕別人的批評和打擊，墨守成規，小心翼翼，耽誤了事業；因為放不下誘人的燈紅酒綠，有人守不住清貧，耐不住寂寞，越走越遠，越陷越深，犯下不可饒恕的錯誤；因為放不下期盼的職務和待遇，有人忙於東奔西跑、請客送禮，甚至違法亂紀。而現實中我們都沒有通天的本領，這就注定許多事情

難以盡如人意，致使我們常會陷於「求不得苦」中，難以解脫。面對這些
情況，想要身心得到自由，就要求我們在生活中應該學會放下，放下那些
不必要的多餘的累贅。心靈不為外境所困。相對於人生而言，只有放下對
名利物欲等「飢渴」心理，才能在當下的工作、生活中去體味人生，才能
體悟到人生的真諦快樂自得才是生命的本質。

　心靈的房間，不打掃就會布滿灰塵。蒙塵的心，會變得灰色和迷茫。
我們每天都要經歷很多事情，開心的，不開心的，都在心裡安家落戶。心
裡的事情一多，就會變得雜亂無章，然後心也跟著亂起來。有些痛苦的情
緒和不愉快的記憶，如果充斥在心裡，就會使人萎靡不振。所以，掃地除
塵，能夠使黯然的心變得光亮；把事情打理清楚，才能告別煩亂；把一些
無謂的痛苦丟掉，快樂就有了更多更大的空間。

苦行出虞誠，學會在逆境中修行

　　有一位身患殘疾的作家，他始終保有一顆健全的心，有一個坦然的人生態度。正因為這份淡定從容，他才能夠在最艱難的人生路上寫出動人的文章，才能在逆境中保留對生活的渴望。

　　苦難是一種摧殘，也是一種磨礪，端看你用何種心態去看待。很多人甚至將逆境和挫折當作人生修練的契機，以便在各種艱難的環境中磨練自己，修行自己的智慧。一位禪師一生都過得很清苦，可以說嘗盡了人間的磨難和苦楚，可是他的佛學高深。有一次別人問他：「大師覺得自己身上的佛比別人高在哪裡？」禪師微微一笑：「高在我受了更多的苦難。」「不經一番寒徹骨，哪得梅花撲鼻香？」唯有痛苦和磨難才能帶來更多生活的教益。

　　孟子說：「天將降大任於斯人也，必先苦其心志，勞其筋骨，餓其體膚，空乏其身，行拂亂其所為。」但是你是否真的具備接受人生大任的心態？當苦難真正到來的時候，你是否能夠安守本心呢？你將會以何種心態來面對逆境？可能會退縮，可能會恐懼，可能會絕望，可能會就此沉淪，也可能會奮起，可能會欣喜，可能會激動。心態不同，人生就不同。

當我們面對困難的時候，不是抱怨生活的不公，「為什麼倒楣的是我，為什麼受傷的會是我？」就是經常會說：「我不知道自己該做些什麼，也不知道自己還能做什麼。」也許我們覺得一切都是徒勞無功的，做什麼和不做什麼根本沒有區別，當我們被生活困在牢籠之中的時候，實際上就已經收起了自己的翅膀。無論抱怨還是焦慮，其實都改變不了事情的本質，都改變不了你被困的事實，為什麼不安靜下來好好想一想辦法呢？在焦慮不安中浪費時間只是最沒有意義的做法。

若以平常心來看，逆境並不可怕，他是每個人都會經歷的事情，是成長的一部分，美國總統羅斯福（Franklin Roosevelt）說過一句話：「真正讓我們恐懼的是恐懼本身。」當你害怕面對逆境時，逆境已經使你喪失了掙扎和反抗的勇氣，使你放棄了突圍的準備。

一位禪師與眾弟子往東宣揚佛法，路上遇到一條大河，河水湍急，眾人面面相覷，誰也不敢渡河，這時候禪師率先脫掉鞋襪，隻身走入河中，弟子們見狀連忙攔住他，可是禪師根本不理會他們，毅然往前走，弟子們見到師傅年老力衰還勇於渡河，自己也不好再膽怯地待在岸上不下水，於是幾個人手拉著手也跟著下了河。

雖然河水很急，他們差點被沖走，不過好在安全抵達對岸，大家都很高興。這時候，禪師對弟子們說：「你們知道我們為什麼能夠過河嗎？」有弟子回答說：「因為我們找到了過河的技巧和方法。」禪師點點頭又搖搖頭，說道：「技巧只是一方面，重要的是我們找到了過河的勇氣。」弟子聞言紛紛點頭。

不要輕易在困難面前低頭，不要輕易為逆境而絕望，須知失敗累積了成功的經驗，困難磨礪了更大的意志，挫折強壯了我們的心臟，每一次的

逆境其實都是一種修行。要保證好的心態，即便在逆境中也要微笑著面對生活，也要以平常心來面對生活，生命不會因為一次失敗而變得灰暗，人生不會因為一次挫折而沉淪，在逆境中一樣要保持平和淡定。「五嶺逶迤騰細浪，烏蒙磅礴走泥丸。」做人還是應該瀟灑一些，再大的困難也要懂得等閒視之，你將困難看得太大，實際上就將自己看得更為渺小，正因為如此，在生活的重擔面前，我們更應該挺起胸膛，在生活的逆境之中，更應該抬頭仰望。

在逆境中，在絕境中也要保持一份淡然的心，哪怕狂風暴雨，也不過是一身蓑衣，半身泥濘，該走的路還在，該行的人還在，照樣是風雨無阻，照樣會如履平地。其實心裡明媚入春，又何懼寒冬臘月之苦，心中明月清照，又何愁長夜漫漫無路。生活當有這樣一種超脫的智慧，若能留一片淡然之心，世間再無半點阻礙，再無半點困頓不安。

師徒二人忙著趕夜路，結果誤入獵人設下的陷阱之中，兩個人深陷幾公尺深的黑洞之中，什麼也看不見。徒弟驚慌失措，在黑暗中大喊大叫，同時又忙來忙去找出口，而師父卻一直安安靜靜地坐在洞裡。徒弟失落地告訴師父兩個人可能出不去了，師父點點頭回答說知道。徒弟非常著急地問：「難道你一點都不擔心嗎？」師父反問道：「擔心什麼呢？你還在，我也還在。」

「可是我們在漆黑之中根本出不去呀！」徒弟有些著急。

「明天會天亮的，你擔心什麼。而且今天晚上，我們本來就沒有什麼地方可寄宿的，現在有人為我們安排了一個大洞，至少冷風吹不著，我們為什麼不順其自然在這睡上一覺？」師父說完之後，就打坐入定。第二天一大早，就有獵人前來檢視獵物，於是很快將師徒二人救了出來。

其實，困難不過是生活中一個美麗的錯誤，只不過是我們出現在了錯誤的時間，出現在了錯誤的地點，但既然已經身處困境，就要懂得去面對，去適應，去克服。生活原本就是不公平的，生活原本就會為你設下很多陷阱，會將你推入絕境，但是我們沒有必要哭著去抱怨，去逃避，去自卑，去絕望，那樣根本改變不了什麼，還不如放寬心，微笑著面對生活，微笑著面對逆境，這樣才會有生活的勇氣和信心。

畫家幾米創作過一幅叫做〈希望井〉的短詩：「掉落深井，我大聲呼喊，天黑了，黯然低頭，才發現水面滿是閃爍的星光。我在最深的絕望裡，遇見了最美的驚喜。」人生哪怕遇到再大的挫折和困難，哪怕身處絕望之境，哪怕落在最深的井底，也要懂得守望那一片星空。詩人食指說：「我依舊鋪平失望的灰燼，用美麗的雪花寫下『相信未來』。」所以當你處在逆境之中，當你處在絕望之中，當你的生活陷入迷茫之中，一定要淡然地看待一切，要始終對生活抱有信心。啊怕是陷入無路可走的黑暗中，也要在心中為自己留一盞明燈。

要有一顆慈悲的心

2007 年 2 月 16 日，剛剛卸任的聯合國祕書長安南（Kofi Annan），在德克薩斯州的一個莊園裡舉行了一場慈善晚宴。應邀參加晚宴的都是富商和社會名流。當一個叫露西的小女孩捧著她的全部儲蓄來到莊園，要求進去參加慈善晚宴的時候，遇到了保全的阻止。小露西說：「叔叔，慈善的不是錢，是心，對嗎？」她的話讓保全愣住了。這句話打動了正要進去的華倫‧巴菲特（Warren Buffett）先生。他帶小露西進了莊園。當天慈善晚宴的主角不是倡議者的安南，不是捐出 300 萬美元的巴菲特，而是僅僅捐出 30 美元零 25 美分的小露西。而晚宴的主題標語也變成了這樣一句話：「慈善的不是錢，是心。」

多麼純真善良的童心！在小露西的心靈裡，愛心是不分錢多錢少的。30 美元零 25 美分相對於 300 萬美元來說，不值一提，然而，這卻是小露西的全部所有，她奉出了全部的愛心，毫無保留！保全是以地位來看待來客的，而小露西卻能在保全面前不卑不亢，那是因為她認為自己是來奉愛心的。愛心不分貧富，愛心是不以金錢的數量來衡量的。奉獻愛心，只要是盡自己所能，就是義舉。善良的心是不分高低貴賤的。只要懷有真誠的慈悲之心，你的心靈就是高貴的。

慈悲之心不是對別人的施捨，它是人性最珍貴的美德，這是佛陀的本心。我們的心中若常懷慈悲之心，當你遇到別人需要幫助的時候去施以援手，你的心中必然會獲得超然的快樂。慈悲的大愛是沒有條件的，我們在生活中不能沒有感情，而是以慈悲之心去看待。在社會生活的我們必須常懷慈悲之心，用慈悲去包容一切的善惡美醜，用實際行動引導身邊的每一個人。這樣心中便覺豁然開朗。

有這樣一個故事，在古代有一個非常龐大的國家，這個國家的國王還管轄著五千多個小的領地。國王有三位王子，小王子摩訶薩青天性善良，極為慈悲。

有一天，國王帶著三個孩子與眾大臣出外遊玩，走了很久，國王在一地方停下來休息。三個孩子便到附近的密林之中遊玩。

忽然，密林深處出現了一頭母老虎，牠的身邊還趴著幾隻小老虎。母老虎看上去非常瘦弱，似乎已經好久沒有吃東西。牠的眼睛時不時瞄一眼旁邊躺著的幾隻小老虎，眼中透露出飢餓難耐的神色。

看著母老虎的樣子，摩訶薩青心中一驚，難道母老虎打算吃掉自己孩子中的一個。他曾經聽說過當老虎實在飢餓難耐的時候，會吃掉自己的孩子，這隻母老虎也會這樣嗎？摩訶薩青聲音顫抖著問兩個哥哥：「哥哥，你們說，那隻母老虎是不是打算吃掉自己的孩子啊？」

兩個哥哥看了看母老虎的表情，說：「看這樣子是這樣。如果老虎媽媽死了，小老虎也沒辦法活下來，只有老虎媽媽活著，這些小老虎才能繼續活著。」

「那怎樣才能阻止老虎媽媽吃自己的孩子呢？」摩訶薩青難過地問。

「如果母老虎能有食物吃，牠就不會吃自己的孩子了，可是看這樣子，這座山上應該是沒什麼吃的了，要不然牠也不會餓成這樣。」

「哦。」摩訶薩青點點頭。

「我們快點回去吧，要不然父王該著急了。大哥哥催促道。

「好，我們回去。」聽見大哥的提議，三個王子決定回去，但兩個哥哥沒發現，摩訶薩青卻沒有跟上來。

摩訶薩青走到雌虎的面前，將自己的身子探過去，但老虎一動不動。看到這種情景，摩訶薩青用刀子將皮膚劃開，讓鮮血流出來。飢餓的老虎聞到血腥味，立刻打起了精神。

兩位大王子走到一半，才發現小弟弟沒有跟上來，他們急忙回去找，卻只看見弟弟的屍首與衣服。

佛祖被摩訶薩青捨身飼虎的慈悲心所感念，便將王子的靈魂召了去，成為佛陀。隨後，佛陀降臨人世，普渡眾生。

慈悲，是由上帝發明的一種光輝，然後我們人類的心靈去彼此輝映。擁有一顆慈悲心的人，必定是愛情甜蜜的人，因為這樣的人懂得珍惜愛人，寬容愛人；擁有一顆慈悲心的人，必定是事業有成的人，因為這樣的人懂得體諒他人，包容他人；擁有一顆慈悲心的人，必定是心胸寬廣的人，因為這樣的人懂得人非聖賢，孰能無過；擁有一顆慈悲心的人，必定是有大愛的人，因為這樣的人懂得愛是慈悲的最高境界。

不管是對待大街上無家可歸的乞討者，還是自然界的一花一草，用慈悲的心看世界，你的世界便會一片清明。

不急躁，從做好每一件小事開始

天下之事，有大有小，但任何事情，都應從細微之處做起，從最容易做的事情做起，正所謂：「天下難事必作於易，天下大事必作於細。」想做好一份工作，首先要做的就是做好大事的基礎，認真對待生活中的每件小事，只有這樣，你才能成大事，才能應對激烈的競爭，將自己立於不敗之地。

養成從每件小事做起的好習慣，就能夠督促我們不浪費點滴的時間，懂得一寸光陰一寸金，從每件小事做起，樹立正確的做事心態，切忌好高騖遠。要明白：鍥而不捨，金石可鏤；鍥而捨之，朽木不折。還要明白：千里之行，始於足下。

加藤信三是日本獅王牙刷公司的一名普通員工。有一次，加藤為了趕去上班，刷牙時急急忙忙，沒想到牙齦出血。他為此大為惱火，上班的路上仍是非常氣憤。

下班後，加藤跟幾個要好的同事提及此事，這些同事也經常遇到這樣的事情，於是他們決定一起設法解決刷牙容易傷及牙齦的問題。

他們想了不少解決刷牙造成牙齦出血的辦法，如把牙刷毛改為柔軟的貍毛；刷牙前先用熱水把牙刷泡軟；多用些牙膏；放慢刷牙速度等等，但

效果均不太理想，後來他們進一步仔細檢查牙刷毛，在放大鏡底下，發現刷毛頂端並不是尖的，而是四方形的。加藤想：「把它改成圓形的不就行了！」於是他們著手改進牙刷。

經過實驗取得成效後，加藤正式向公司提出了改變牙刷毛形狀的建議，公司上司看後，也覺得這是一個特別好的建議，欣然把全部牙刷毛的頂端改成了圓形。改進後的獅王牌牙刷在媒體廣告的作用下，銷量極佳，營業額直線上升，最後占到了全國同類產品的40％左右，加藤也由普通職員晉升為科長，十幾年後成為公司的董事長。

牙刷不好用，在我們看來都是司空見慣的小事，所以很少有人想辦法去解決這個問題，機遇也就從身邊溜走了。而加藤不僅發現了這個小問題，而且對小問題進行細緻的分析，從而使自己和所在的公司都取得了成功。

在問及一位獲得諾貝爾獎的得主是什麼讓其獲得成功時，他的回答卻非常出人意料：「我上幼兒園的時候，學到了一生中最重要的東西：要謙讓，要注重清潔，東西放整齊，做錯事要道歉，要仔細觀察事物。」

有人可能會說，這種小事怎麼會給他這麼大的啟發，讓他獲得如此的成就？我想，這也許就是這些人和有所成就的人的不同之處吧，漠視細節，不懂得從小事做起，即使胸中豪氣沖天，壯志凌雲，也無法奢望獲得什麼豐功偉業。

工作中，認真地對待每一件事，因為往往一件小事就能反映出靈魂深處的精神品格，一個人有沒有責任感，往往不是展現在大事上面，而是展現在細微的小事之中。一個人如果連芝麻大的小事都做不好，負不了責任，又如何去擔當大事呢？

一家公司進行招募，應徵者很多，各個精明幹練，面試者一個個走進去之後，又一個個走了出來，每個人看起來都信心十足。其實，面試者只出了一道簡單的題目給他們：你對工作的態度。一行人進門之後大談特談，而且回答得井然有序，然而結果卻讓人摸不著頭緒，因為只有一個看起來非常平凡的應徵者被錄用了。這是為什麼呢？

面試官解釋道：門口放了一把倒著的掃把，每個面試者走進門口的時候都沒有注意到這把倒著的掃把，只有這個看似平凡的人，順手將掃把扶了起來，規規矩矩地將其放好，就是這個簡單的動作，就能夠說明他的工作態度的認真程度。在眾人之中，雖然不乏才華出眾的人，他們將題目分析得很透澈，表達言簡意賅，讓考官非常滿意，但是，他們卻沒有看到倒在地上的掃把，甚至從掃把上跨過去，或是踢一下。對於工作態度這個問題，那個平凡的應徵者也回答了，他說：「從小事做起，更能展現一個人的工作態度，也能顯現出一個人對於工作的責任感。」

僅僅從這個小小的案例中我們也能看出，細節真的可以決定成敗，尤其在當今社會，人才輩出，在應徵的時候，面試官也是很難判定哪個人更出色一些，但是，並不是每個應徵者都能注意到細節上的問題。比如，身為一名圖書管理員，何為合格，能看到書上的摺痕和塵土，及時將摺痕撫平，及時擦拭塵土就是合格的圖書管理員；身為一個合格的清潔人員，何為合格，能看到地板上的汙漬，並及時將其擦乾淨。

認真做好每一件小事，其實就是在完成大事，如同涓涓細流，雖然不被人看重，但是條條涓涓細流匯集一處，匯流到大海，也就被世人所敬仰了。

一粒微塵，不被人在乎，不被人看重，即便是成百上千的微塵，可能還是不能被人類看到，但正是這數以億計的微塵，累積成了高山。

　　從自己做起，從身邊的小事做起，不斷地提醒自己，要認真地將身邊的每一件小事做好，將細節之事做得更細微，只有這樣，才會離成功更近，事情才會被做得更加完美。

第七章

放下執著，幸福就在鬆手的剎那

執著於貧富，你將永遠看不到幸福

有一句電影臺詞：「幸福與貧富無關，與內心相連。」但在很多人的眼裡，幸福等於金錢、財富、權力。

有一位小朋友在作文中寫：金錢不是萬能，但沒錢萬萬不能。有人說錢乃身外之物，但沒有錢不能吃飯、穿衣服，沒有屋子住，也不能看病。這篇作文說出了許多人的「內心話」。沒有錢，的確無法在世上生存，而且我們已經過了那種「只要談錢就是醜惡的」「錢是一切社會罪惡的根源」的階段，憑自己的努力賺錢，讓自己過上好日子已經成為一個人能力的展現。

我們並不批判財富，我們批判的是人們對於財富的態度。《論語》裡有這樣一段話：子貢曰：「貧而無諂，富而無驕，何如？」子曰：「可也。未若貧而樂，富而好禮者也。」大概意思是說，子貢問孔子：貧窮而能不諂媚，富有而能不驕傲自大，怎麼樣？孔子回答說：這也算可以了。但是還不如雖貧窮卻樂於道，雖富裕而又好禮之人。

在這裡，孔子為我們揭示了貧與富的境界：貧而樂 —— 雖然貧寒，缺吃少穿，甚至飢寒交迫，但所求不高，所欲不多，「一簞食，一瓢飲，在陋巷，人不堪其憂」，自己卻很快樂，實際上是「樂以忘憂」，是快樂

到根本忘記了自己的貧寒；富而好禮——雖然富有，但卻講究禮節，人不分貧富強弱，「無寡眾，無小大，無敢慢」，凡事以理服人，以禮待人，形成一種行為習慣。

所以說，貧窮與富有，與幸福並沒有太大的關係，最重要的是你的內心是否幸福。

一位叔叔帶著姪子到某醫院看眼疾，由於手術費太高，無力承擔，只好沿街乞討。某報記者獲知此情況後，為他就他們的處境寫了長篇報導刊發在報紙上，呼籲社會各界幫助他們叔姪倆。沒想到的是，這篇報導刊出的第二天，就有許多人來報社捐款。更沒想到的是，竟有一個失業工人，帶著自己殘疾的兒子一起捐款。報社記者趁機採訪這位失業工人，問他為何在自己如此窘迫的情況下還要去救助別人。

那位失業工人年紀並不大，但看起來蒼老了許多。他只說了一句話，卻讓那位記者回味了許久：窮人再拿出一點來，還是窮人，這是不會改變的。不同的是，當我看到被救助的人眉頭舒展開的那一刻，我感覺到了自己內心的富有。

當一個窮人懂得幫助另一個窮人的時候，我想他已經明白了幸福的真諦。

一個富人在他的回憶錄中寫過這樣一個故事：有一天，他到郊外去看一片空地，想在那裡繼續擴展他的房地產事業。就在他將要返程的時候，他看到了一塊墳墓。那是很簡陋的一塊墳墓，墳丘上荒草搖曳。墓前，立著一塊石碑，碑上刻著八個字：不名一文，唯餘快樂。

或許，就是這樣的幾個字給了他某種觸動。回來後，他便宣布暫停了自己的事業，帶著父母以及妻兒一大家人開始環球旅行。那一次的旅行，

他除了領略到數不清的秀山麗水外，更重要的是，在愉悅中，他也安享到了內心中的許許多多勝景。

當一個富人，懂得什麼才是自己最重要的財富的時候，他也是幸福的。

其實，貧也好，富也好，只不過是人生的一種外在形式，只是生活水準好壞的差別而已，而幸福與否，卻決定著人生的廣度與長度，因為一個感覺不到幸福的人，看不到人生的精彩紛呈，也不可能長壽。如若一輩子為了貧富而苦苦糾纏，則浪費了上天給你的寶貴的生命。

故執著於貧富的人，是永遠也看不到幸福的。

弱水三千，僅取一瓢飲之

《紅樓夢》第九十一回，賈寶玉對林黛玉說：「任憑弱水三千，我只取一瓢飲。」

《論語‧雍也》中，子曰：「賢哉！回也。一簞食，一瓢飲，在陋巷，人不堪其憂，回也不改其樂。賢哉！回也。」

賈寶玉之所以「只取一瓢飲」，是因為他知道在大觀園中儘管姐妹眾多，但只有林黛玉真正懂他；顏回之所以「一簞食，一瓢飲，在陋巷，人不堪其憂，回也不改其樂」，是因為他只注重志氣，追求真理，其他的外物，對他沒有任何意義。而我們之所以活得累，就是因為我們不懂得「只取一瓢飲」。

人這一生，要經過很多事，見過很多東西，也要面臨很多選擇，我們不能肯定自己的選擇每次都是對的，但在選擇之前，我們一定要問問自己，哪條路才是最適合自己的，哪種選擇才能不偏離自己的目標，離自己的目標更近？

井裡的青蛙嚮往大海，請求大鱉帶它去看海。大鱉平生第一次當嚮導，非常高興，便欣然同意。一鱉一蛙離開了井，慢慢前行，來到海邊。青蛙見到一望無際的大海，驚嘆不已。牠「呱呱」大叫，急不可待地投入

大海的懷抱，卻被一個浪潮打回沙灘，措手不及喝了幾口鹹水，還被摔得暈頭轉向。

大鱉見狀，就叫青蛙趴在自己的背上，帶著牠遊海。一蛙一鱉漂浮在海面上，樂趣無窮，青蛙也逐漸適應了海水，能自己游一下子了。就這樣，牠們玩得很開心。過了一陣子，青蛙有些渴了，但喝不了又苦又鹹的海水。牠也有些餓了，卻怎麼也找不到一隻牠可以吃的蟲子。青蛙想了想，對大鱉說：「大海的確很好，但以我的身體條件，不能適應海裡的生活。最要命的是，這裡沒有我能吃的食物。看來，我還是要回到我的井裡去，那裡才是我的樂土。」

於是，青蛙向大鱉告別，回到了自己的井中，過著平安快樂的小康生活。

青蛙知道以自己的條件，井裡才是真正適合自己的，因為井裡才有適合自己喝的水，適合自己吃的蟲子，大海雖好，但待在大海裡，自己不是被餓死、渴死，就有可能被其他的動物吃掉，所以牠明智的選擇了井裡。

有一句俗語叫做「寧做雞頭不做鳳尾」，可是，並不是每個人都適合做雞頭，都能做好雞頭，像趙括那樣只會紙上談兵的人，只適合在溫暖舒適的房子裡高談闊論，讓這樣的人來做雞頭，簡直是雞群的大災難。再說，踏踏實實的做個鳳尾也沒什麼不好，生活安樂、悠閒，無世事的紛雜，無紅塵的紛擾，是多少人夢寐以求的生活。

幾個人在岸邊垂釣，旁邊幾名遊客在欣賞海景。只見一名垂釣者竿子一揚，釣上了一條大魚，足有近百公分長，落在岸上後，仍彈跳不止。可是釣者卻解下魚嘴內的釣鉤，順手將魚丟進海裡。

　　周圍圍觀的人響起一陣驚呼，這麼大的魚還不能讓他滿意，可見垂釣者雄心之大。

　　就在眾人屏息以待之際，釣者魚竿又是一揚，這次釣上的是一條 60 公分長的魚，釣者仍是不看一眼，順手丟進海裡。

　　第三次，釣者的釣竿再次揚起，只見釣線末端鉤著一條不到 30 公分長的小魚。圍觀眾人以為這條魚也肯定會被放回，不料釣者卻將魚解下，小心地放回自己的魚簍中。

　　遊客百思不得其解，就問釣者為何捨大而取小。

　　想不到釣者的回答是：「喔，因為我家裡最大的盤子只不過有 30 公分長，太大的魚釣回去，盤子也裝不下。」

　　明明只有三寸長的腳，偏偏要買五寸長的鞋，只因為五寸的鞋用的材料多，價錢卻與三寸的一樣，讓買者覺得占了很大的便宜。而一個不知道自己適合什麼，想要什麼的人，就跟三寸的腳買五寸的鞋一樣，雖然看起來是賺了，其實卻是吃了大虧，因為穿比自己的腳大兩寸的鞋，根本無法正常走路，最終的結果只能是重新買一雙適合自己的鞋。而一個人，只有找到適合自己腳的鞋子，才能健步如飛，才能跳得更高，看得更遠。

　　平衡心態，明白這一瓢飲足矣，一切都會瞬間豁然開朗，肩上的重擔也會瞬間輕鬆很多，輕裝上陣，愉悅一生。

世皆無形，莫執著，才能得到真正的果

有人說這個世界是水做成的，因為水沒有固定的形狀，所以這個世界也沒有固定的形狀，幸福也沒有任何形狀，正因為沒有形狀，你才無法固執地在一事一物上留下寄託。

釋迦牟尼原先是位王子，16歲的時候他駕車出遊，在皇城的東南西三門分別見到老人、病人和死屍，親眼見到病痛和死亡的威脅，於是非常傷感和苦惱，接著他在北門遇見了一位得道的沙門，聽說了超脫生老病死的法門，於是毅然決定出家。為了修成正果，他在尼連禪河畔的樹林中開始修苦行，每天只吃一餐，後來七天進一餐，穿的是樹皮，睡的是牛糞。因為他覺得這樣做可以真正修成正果，可是執著堅持了6年，他的身體日益消瘦，就像枯木一般，可是仍然沒有尋找到真正的超脫法門。後來，他放下執著心，安心地坐在菩提樹下冥想，這才頓悟人生的生老病死，修成了正果。

其實，佛本就是無形的，一花一天堂，一草一世界，一樹一菩提，一土一如來，一方一淨土，一笑一塵緣，一念一清淨，佛在各處，佛又在無處，你往花中去尋，往草木中去尋，往笑中去尋，只能是撲一場空，因為佛沒有空相，沒有具體的形態，你執著地從外事外物中來尋，只能是一無所獲。譬如打坐參禪，打坐可以參禪，站著也同樣可以參禪，只要心靜，

那麼或坐或站或臥，這些根本沒有任何區別，你覺得非得打坐才能修佛，那麼實際上恰恰是忽視了佛的根本，這樣自然難以成佛。

修佛的關鍵在於超脫，在於參透，佛家講究看破紅塵，這紅塵就包括世界外物的萬相，破開了這相，才能真正理解和領悟佛的真諦。修佛的境界在於「花非花，霧非霧」，人生的境界也在於看花非花，看霧非霧，幸福可能是花，可能是草，可能是一顰一笑，可能是淚眼婆娑，那麼我們感覺到幸福時，看花就等於看草，微笑等同於流淚，沒有什麼太大的區別了，因為這是同樣的感受，你已經從外在的形式中超脫出來了。

歸宗智常禪師佛法高深，很多人都慕名前來向他求教。某天，他正在為莊稼鋤草，一位達僧來向他參問佛法。達僧剛剛進入田間，就看見一條蛇從他們身邊爬過去，他有意避退幾步，但是歸宗卻拿起鋤頭衝上去直接將蛇斬成兩段。達僧非常驚訝，他萬萬沒有想到人人敬仰的歸宗竟然會觸犯殺戒，於是他當面嘲笑歸宗說：「我早就嚮往和敬仰歸宗，可是你看起來就像一個不檢點的粗和尚。」

見到達僧譏諷自己，歸宗並不生氣，只是淡淡地說：「到底是你粗，還是我粗？」達僧反問到：「你說的粗是什麼？」歸宗豎起鋤頭。達僧又問：「那麼什麼才是細呢？」歸宗於是做出斬蛇的架勢。達僧接著說：「要是這樣的話，難道就應該照你那樣去做？」歸宗笑著說：「先不說到底要不要這樣做，你什麼時候看見我斬蛇呢？」

其實歸宗早就做到了無形、無相、無我的境界，所以根本不存在斬蛇人，不存在斬蛇的動作，更不存在蛇，而所謂的蛇或者只是人的痴心和俗念。達僧沒有達到這樣的境界，所以所見的是殺戮的外相，所想的是殺戮的邪念，他沒有從外物外相中超脫出來，所以他才沒有辦法修成正果。

在這個世界上生命對於每個人卻只有一次。也許人活著應該像小河裡的溪水，雖然平靜無波，卻有他頑強的生命力和戰力。他能夠經受暴風驟雨的侵害襲，也可以坦然面對夏日驕陽的炙烤。他從來就不在乎世界多麼變化。生命就是平靜中包含很多的活動和變化。人活著要有信念，但不要太迷戀、太執著。有時不妨順其自然，對生命中的意外和阻撓不必過於強求，也許能夠阻止住自己生命的腳步過快地到達終點。

為什麼人會犯戒？因為他有所執著，如果沒有任何喜歡或討厭的執著，就不會犯戒。為什麼人的心會散亂不定？因為執著某些事物。為什麼人會沒有智慧？因為他愚痴而執著某些事物。如果一個人能修行到「一切都不執著」的地步，他當下便能悟道、證果，得到終究的涅槃。

願捨棄，能捨棄，方能真正地覺悟

佛說：「捨得者，實無所捨，亦無所得。」人似乎有這麼一種本性：樂於獲得而不願捨棄。可是，人只有一雙手，注定只能拿一樣東西，必然要失去另外的東西。人只有一雙眼，注定只能看一種風景，必然要錯過更多的風景。人只有一雙腳，注定只能走一條道路，必然要錯過另一條路上的故事。我們常常因為不肯捨棄自己手裡的舊東西，而失去了獲取更多新東西的機會。比如工作，當很多個工作機會出現在你面前時，必定只能從中挑選一個，其他的機會就得捨棄。比如婚姻，戀愛的時候，可能會有很多選擇，但是，和你共同踏上紅地毯的只能是你最愛的人，你放棄了別人，才能收穫你的最愛。有位哲人說過，如果把人一生中的獲得和失去相加，得到的結果為零。也就是說，人從來到這個世界到離開這個世界，失去了多少，必然也就得到了多少。

從前，有一個國王對於金錢財寶非常的痴迷，他對財寶的貪欲已經達到了不擇手段的地步。

國王有一天突然想到了斂財的一個方法，他想：若是將全國的財寶全部歸於我一個人該有多好。將來即使死去也是有很多的財寶陪伴。國王費盡心思，終於他想到一個斂財的方法。

　　國王的一位公主非常漂亮，他為了獲取天下的財富，便對外宣布，全國所有的人可以帶著自己所有的財富求婚。國王的詔書剛剛下達，國人就興奮不已。大家於是帶著自己的財寶進入皇宮。國王就這樣將很多的財寶騙到了自己的手裡。

　　有一個非常年輕的年輕人也想向公主求婚，但是家裡非常的窮，什麼值錢的東西也沒有，年輕人為此愁眉不展。他的母親見到兒子如此的傷心，內心非常的著急，就偷偷對兒子說，你的父親死的時候嘴裡含了一塊金子，你可以拿著這塊金子去皇宮向公主求婚。年輕人聽了非常的高興，馬上將父親的墳墓撬開了，結果在父親的口中看見了黃金。

　　年輕人於是馬上帶著金子進皇宮。這件事被佛陀看見了，於是決定跟著年輕人進皇宮看個究竟。年輕人進入皇宮之後，國王看到年輕人手中的金子便問道：全國的財富都已經在我這裡，你的金子從何而來？年輕人不敢將實情說出來。這時佛陀出現了，他對國王說：這個金子是他父親死的時候放在嘴裡陪葬用的。他父親死的時候連這一點金子都帶不走，你又怎麼能將全國的財富帶走呢？國王聽完佛陀的話，羞愧極了，意識到自己以前的思想是多麼的愚蠢。

　　佛陀見到國王有所醒悟，便說道：「若是你可以將財寶歸還於你的子民，讓他們重新獲得希望，你自然會得到大家的崇敬與感激，這樣無形的財富比那些有形的財富強很多。」國王頓時知道了佛陀的意思，於是他開啟國庫，將自己騙取的不義之財歸還給臣民，並且還經常開倉放糧，救濟貧苦的百姓。

　　國王捨棄掉那些不屬於自己的財富，但他得到了百姓的尊重與國家的太平，這是一筆不可估量的財富，這比那些有形的財富強上萬倍。

　　一個人只一味地追求「得」，這還不算真正的成功，若想真正的成功，你必須學會適當的「捨」，因為適當的「捨」會為你帶來更多的「得」。面對燈紅酒綠的花花世界，若是不能對這些貪戀進行捨棄，你的生活怎麼能獲得快樂呢？當一個比你更加優秀的人出現的時候，當你被某些事物所吸引的時候，如果你一再執著地追求，而不是選擇放棄，那麼你如何獲得別的東西呢？

　　一天，有兩個朋友外出散步，他們的關係非常要好。在散步途中，他們同時看到了一包銀子，可能有人不小心遺失的。這時，有一個出家的僧人也見到了銀子，他念叨道：「這是邪物，會殺人的。」僧人說完便轉身離開了。

　　這兩人便對僧人嘲笑起來：「這個傻瓜！他居然是錢財是邪物，簡直太愚蠢了！」於是對他的朋友說：「那個和尚一定是個白痴，人們都想方設法獲得金錢，銀子在他看來卻是能殺人的！」另外一人也在附和著。

　　他們開始商議如何將這些財寶帶回去。一個對另一個說道：「白天我們回去必然不安全，晚上更方便一些。我在這裡等你，你回去幫我拿些食物，我們在這裡吃過飯，等到晚上我們一起把銀子帶回去。」另一個人便同意了。看守者心中便想：「如果這些銀子都是我一個人的就好了！對了，等他來的時候，我用棒子將他打死，這些銀子就都屬於我了。」帶飯那個人也在想：「回去之後我先吃飯，然後在菜中下毒，等他將有毒的飯菜吃下去，他一死，這些錢就屬於我一個人了。」

　　回去拿食物的人剛回來，他就被另外一個人偷襲所殺，然後那個等候的人便對屍體說：「得罪了，朋友，這點銀子我們不夠分的。」然後便將

那人帶來的食物吃得乾乾淨淨，結果很顯然，這個人被毒死了。他死前才知道：「銀子原來真的可以殺人！」

佛經有言：「懂得放棄才會有所獲得。」人的貪念不知道造成了多少人間的悲劇，到最後都白白的丟掉了性命。如果我們對那些完全沒有必要的東西過多的執著，最後可能失去了自己，真是得不償失。人有時候放棄也是一種明智的選擇，也在人生之中也可以獲得收貨。放棄本身就具有很深的智慧，也是人生難得的一種財富。佛祖說過，懂得放下，就得到了，只有失去了最後才能得到。

不要盡往悲傷裡鑽，想想有笑聲的日子吧

人生不如意十之八九，再樂觀的人也有悲傷的時候，再悲觀的人也有快樂的時候，悲傷與歡樂就像孿生兄弟，面貌一樣，性格卻完全不同。悲傷教給你的是心痛，是淚水，也有悲傷過後的堅強。歡笑教給你的是幸福，是笑臉，也有樂極生悲的逆襲。其實不管是悲傷還是歡樂，都是人生的經歷。要想讓自己的生活中多點笑聲，就要懂得在悲傷中堅強，苦中作樂。

人生不如意的事情很多，但生活的色彩應當是明亮的，我們應該是笑著度過，縱使留不下花千樹，縱使留不下月滿樓，也要留下一張燦爛的笑臉，我們應該及時在生活中尋找更多的快樂。我們每個人都有快樂，也都有過快樂，為什麼我們不願意拿出來回味一番呢？如果你嘗到了失戀的苦楚和悲傷，不妨回味一下初戀時的美妙和悸動，為自己留下一個美好的回憶。如果你面臨了巨大的失敗，為何不想一想啟程時的豪情滿懷。生活也曾為我們留下美好，生活也會有更多的歡笑，歡樂與悲傷總是相互依存的，當你跌倒在了路上，不要為前面未曾走完的路而懊悔惋惜，而應該為自己所走過的路自豪驕傲。人生需要半杯水的哲學：當你感嘆自己只剩下半杯水時，為何不慶幸生活還為你留下半杯水呢？

其實，哭過、悲傷過、痛苦過，那麼就應該拾起生活的信心重新上路，生活總歸還是要繼續的，為什麼一定要沉浸在那些無可改變和挽回的悲痛之中呢？既已發生就讓它在生活中沉澱，就讓它在淚眼中溶解，就讓它被時間拋在身後。發生的就讓它默默發生，失去的就讓它輕輕失去，離開的就讓它靜靜離開，過去的就讓它安然地過去。做人不要太執著太在意，凡事灑脫一些，樂觀一些，應該懂得珍惜眼前和將來的幸福，不要為那些痛苦的事情而耽誤了自己的生活，不要為那些痛苦的事情而失去更多的快樂。佛經中有這樣一句話：「當你為一個人在佛前求了一千年的時候，還有另一個人同樣在佛前為你求了兩千年。」執著於那些錯過的東西，你將錯過更多幸福。

有個青年因為妻子死了，覺得生活一下子沒了寄託，自己也陷入到絕望之中，他無數次地想過自殺，以此來表明自己對愛情的忠貞，同時也結束自己痛苦的生活。有一次，青年跑到妻子的墳前痛哭，恰巧被路過的老和尚看見了，和尚見青年如此悲痛欲絕，就上前詢問，青年如是相告，然後更加泣不成聲。

老和尚同情了一番後問道：「你在這裡痛哭，是因為沒能好好珍惜和妻子在一起的時間，還是因為你實在是太愛她了？」

青年看了一眼老和尚，回答說：「兩者都有。我每天來著守著跪著，就是為了懺悔，為了彌補更多的缺憾，我覺得自己辜負了妻子。」

老和尚接著問：「那你有孩子嗎？」

青年點點頭。

「那你愛你自己的孩子嗎？」老和尚繼續追問。

青年點點頭說道：「這孩子是我妻子生前最喜歡最疼愛的人了，我當然也喜歡孩子。」

老和尚於是生氣地說：「既然你有孩子，為什麼不好好和孩子一起過日子呢？為什麼不和孩子一起享受家庭生活呢？你因為沒有好好珍惜妻子而悔恨，因為那份愛太深而痛苦，那麼現在為什麼不去好好珍惜你和孩子的感情呢？為什麼不好好愛自己的孩子呢？與其為一個死去的人悲傷，為何不憐惜眼前的幸福呢？你將失去的東西牢牢抓著不放，而眼前擁有的東西卻視若無睹，難道想重蹈覆轍？」

青年聽到這番訓斥後，猶如當頭棒喝，立刻就清醒過來，對啊，與其繼續在墳上痛哭流涕，為何不回家照顧孩子，在孩子身上尋找往日的幸福快樂呢？青年於是向老和尚道謝，發誓一定會重新振作起來，然後立即趕回家中。

做人應該放開胸懷，應該灑脫地看待人生，不要因為一朵花的凋謝，就悲傷絕望地錯過整座花園的美麗，就悲傷地錯過整個春天的姹紫嫣紅，有花謝就會有花開。其實，即便我們一時之間面臨種種不如意，但人生還會有下一站，下一站也還會有幸福，你放不開懷抱，你執著地在痛苦中掙扎，那麼下一站還會是陰雨連天，還會是悲痛欲絕。

失意面前，我們更加要懂得珍惜那些眼前的幸福，更加應該重視當下的快樂，我們更應該記起生活的好，更應該向著美好的生活出發，更應該追求更多的幸福快樂，而這才是對失意人生最好的補償。不要覺得人生灰暗無比，不要覺得生活黯淡無光，只是因為烏雲暫時遮蔽了陽光，但是如果你因為錯過了太陽而哭泣，那麼你很可能會錯過夜晚的明月和星光。

放得下那份痴心，才能得到屬於自己的空門

　　如果你對一件事物僅僅存在喜愛之心，那麼你的心中只有歡喜，但如果歡喜過度，那便成了痴心，痴心生妄想，妄想生惡果，我們的人生也便從此改變。

　　佛家將「痴」稱為無明，意思就是說對某種事物或某個人達到了無休止、無限度地迷戀程度，使之成為一切煩惱的源頭。

　　痴心太多而又得不到，怎麼會不傷心難過呢？越得不到，則越想得到，越想得到卻又越得不到，在這一輪輪的循環中，善念滅，惡念生，到頭來卻是一場空夢。

　　有隻非常能幹的烏鴉，牠總是能在其他烏鴉覓食困難的時候找到食物。一天，烏鴉在覓食的途中聽到了非常悅耳的歌聲，那歌聲讓牠心曠神怡，覺得自己好像到了仙境一般，牠深深地陶醉在歌聲之中。於是，牠四處尋找聲源，原來是不遠處的一隻黃鸝在唱歌。黃鸝優美動聽的歌聲，讓烏鴉久久難以釋懷。

　　烏鴉下定決心要擁有和黃鸝一樣美妙的歌聲，於是，每天從早到晚，牠便站在枝頭用自己嘶啞的「呀呀」聲為森林伴奏。聽著這讓人難以入耳的唱歌聲，森林裡的動物頭痛欲裂。

一天，天神下凡到森林裡巡查，一進入森林，就聽到了烏鴉嘶啞的「歌聲」。他來到烏鴉的窩前，問烏鴉為什麼不去覓食，卻站在枝頭製造噪音。烏鴉昂著頭，自豪的說：「因為我想擁有黃鸝鳥那樣美妙的歌喉。」天神聽後，笑著對烏鴉說說：「你是烏鴉，不是黃鸝鳥，你有你的長處，為什麼要痴心於黃鸝的歌聲呢？」

「我相信我自己，只要我自己勤加練習，一定可以擁有像黃鸝那樣的歌聲，我還要當森林歌王呢！」

看烏鴉如此倔強，天神搖搖頭，走了。

天神走後，烏鴉繼續站在樹上嘶啞著嗓子唱歌。其他的動物終於忍受不了這種聲音，慢慢地都搬走了，最後只剩下烏鴉獨自繼續在樹上「唱歌」。

一天，一個獵人經過森林，聽到了烏鴉難聽的歌聲，他拿出弓箭，射死了烏鴉。天神看到此情景，無奈地搖了搖頭。

最終，烏鴉不僅沒有成為自己夢想的森林歌唱家，反而賠上了性命，這都是痴心妄想所致。如果當初烏鴉能夠聽進天神的話，放下自己的那份痴心，依自己的長處生活，怎麼會有這樣的下場呢？

現實生活中，像烏鴉一樣痴的人比比皆是。比如：很多父母明明知道自己的孩子對某一學系並不感興趣，依然讓孩子進入這個學系就讀，只因為這個學系出來容易找工作，卻不知道自己的這種「痴」，對孩子來說是怎樣的折磨。比如：明明知道對方已經不愛自己，但依然苦苦糾纏，甚至自虐，期待用這種方式留下對方，卻不知自己的這份「痴」，只能讓對方離你越遠。生活告訴我們：有的事情，與其「痴心不改」，不如放手，這樣反倒能為自己留下更多的空間。

有一條蛇愛上了一棵大樹，但是大樹無動於衷。蛇不甘心，想著終有一天會讓樹對自己動心，於是，蛇就用自己的身體纏住了大樹，一纏就是十年。此時的蛇，已經不再像當年那樣細小了，仔細觀察就能在樹上發現牠的蹤跡。

佛祖被蛇的痴心感動了，但是又知道蛇不可能贏得樹的心，因為命中注定，樹要和啄木鳥在一起。於是佛祖對蛇說：「你不要再痴痴地等待了，這棵樹與啄木鳥有緣，它是不會和你在一起的，哪怕你再等一百年，也還是與它無緣。如今樹已經不能在遮掩你的身軀，你暴露在世人的眼中是非常危險的。」

但蛇並沒有聽佛祖的勸告，因為牠是那樣地愛著樹，佛祖沒辦法，見此，只好無奈地走了。後來，啄木鳥來了，樹對牠一見鍾情，整天在一起嬉笑打鬧，啄木鳥替樹除去身上的蟲子，並且在樹上築了巢。蛇見此，傷心欲絕，牠威脅樹說：「如果你不和我在一起，我就吃了啄木鳥。」樹被逼無奈，只好同意和蛇在一起。

但是蛇並不滿足，他希望樹的心中只有自己，如果啄木鳥整天在樹的面前出現，樹怎麼能對自己一心一意，蛇決定除掉啄木鳥。

一天，蛇對啄木鳥說：「我們到小溪邊走走吧。」於是，牠們一起向小溪走去，那條小溪，是樹不能觀望到的地方。

因為長時間待在樹上，在陸地上行走的蛇已經不習慣在陸地上行走，走了很久，牠們才到達小溪邊。蛇一下子纏住了啄木鳥，牠面目猙獰，露出了毒牙，啄木鳥並沒有表現出恐懼，牠從容地說：「即便你吃了我，樹也還是不會愛上你的。」說完，閉上了眼睛，等待蛇的毒牙刺入脖頸，只聽「哐啷」一聲，纏著啄木鳥的蛇慢慢從啄木鳥的身上滑了下去，啄木鳥

睜眼一看，是個農民，用鋤頭砍死了蛇。

　　農民說道：「怎麼蛇還要吃啄木鳥啊，啄木鳥可是保護樹木的鳥，這條蛇這麼大，一定害死了不少啄木鳥。」說完，扛著鋤頭工作去了。啄木鳥則飛回了樹的身旁。

　　放下痴心，心才能不受折磨，才能得到屬於我們自己的那一片天，試想，如果蛇從樹上走下去，在哪怕是在十年之後走下去，都有可能會遇到另外一條傾心於牠的蛇，如果牠能陷入屬於自己的愛情之中，心中的恨、心中的苦也就都會消失了，輕輕鬆鬆、快快樂樂地過屬於自己的生活。

別跟自己過不去，放自己一馬

有個人工作壓力很大，而且最近總是疑神疑鬼，懷疑自己被人跟蹤了，可是每次他回頭都沒看見有人在身後，為此他很苦惱，日思夜想竟然患了重病。他向朋友傾訴這件事，朋友讓他放寬心，下次好好看看是不是真的有人在跟蹤，以免自己嚇自己。他對於朋友的不解感到不滿，於是憤然離去。可是當他沒走多遠，就覺得又有人又在跟蹤自己，他於是故意低下頭快走，想要擺脫那個人的跟蹤。走了幾步後，他突然發現地上有一個影子，頓時明白過來，原來自己一直擔心懷疑的跟蹤者竟然是自己的影子，原來自己一直以來都和自己的影子過不去，才給自己找了那麼多的煩惱。

很多時候，我們也是如此，常常會覺得生活不如意，覺得沒有什麼事情是順利的，覺得自己無論做什麼都很勉強，很牽強。這些痛苦並不是別人帶給你的，也不是社會強加給你的，而是你自己硬生生攬在自己身上的。我們總是和自己過不去，總是為自己製造障礙。有時候我們把世界上的事情看得太複雜了，其實生活很簡單；有時候我們放不下心中的枷鎖，為那些自己不需要不必要的東西勞神費心；有時候我們太看重名利，以至於我們常常為一時的得失焦躁不安；有時候我們為生命中的一點小瑕疵而

斤斤計較，以至於為自己徒增壓力；有時候，我們太過在乎別人的感受，所以總是不自覺地忽視內心真實的想法，從而讓自己難過。

當我們長吁短嘆，當我們抱怨人生，當我們冥思苦想時，殊不知真正困住我們的是我們自己。正因為看不盡世事浮華，參不透人倫生死，辨不明是非善惡，我們喜歡強求，喜歡計較，喜歡執著，執著於得失，執著於名利，執著於自己的所見所想，執著地希望找到生活的捷徑，卻總是在迷惑中焦躁不安，所以到處都是重重的阻礙，到處都是牢籠的束縛。我們太在乎別人的看法，在乎自己的得失，在乎人生的富貴，所以要背負的東西太多了，我們強加在自己身上的壓力太大了，這樣自然也就活得很累。我們扮演一個負重的苦力角色，扮演一個被關在籠子裡的角色。

生活不要太刻意，不要太執著，困了倦了，不妨停下來休息一下，沒人會讓你繼續堅持什麼；累了就不妨讓自己輕鬆一下，何必強迫自己奮勇打拚呢；失敗了失落了，不妨替自己換一個想法，換一種心情，不用刻意給自己「好臉色」看。為什麼非要為難自己呢？哪種活法更輕鬆愜意，就選擇哪一種活法，怎樣做能帶來幸福，就選擇怎樣去做，沒有必要執著在某一個不適合自己的東西上，這樣只會成為生活的負擔，只會讓自己過得不快樂。

狐狸吃不到葡萄而說葡萄是酸的，我們認為這是自欺欺人，但這何嘗不是一種自我解脫呢？牠已經不再執著了，已經放棄了念想，而我們卻還在爭論中執念著不放，其實葡萄是否是酸的，真的有必要知道嗎？狐狸放下了心結，而我們自己呢？是否也應該放下這種糾結和苦惱？其實，煩惱都是自己帶來的，枷鎖都是自己套上去的，牢籠都是自己訂製的，為自己套上枷鎖，你就無法行動自如，將自己推入囚籠，你飛不上藍天。我們之

所以糾結難熬，從來不是因為生活太累，而是將自己逼得太痛苦了。我們渴望知道一個答案，渴望尋找一種解脫的法門，渴望讓自己更加適應這個社會，可是這一切都成了一種執念，而執著心恰恰封閉了我們的思維，恰恰破壞了生活的美好。

慧海禪師是一個超脫之人，有人問他：「都說您佛法高深，能夠通曉世間的一切。」慧海禪師謙虛地搖搖頭說：「尚且不能。」來人非常好奇，於是接著問：「這麼說來，您難道也有什麼看不開、看不透的事情？」慧海禪師搖搖頭說：「沒有。」這個人一下子就被弄糊塗了，就問道：「既然您不能夠通曉一切，怎麼會沒有什麼看不開、看不透的事情呢？」慧海禪師解釋說：「我不知道的事情的確有很多，但從來不會和自己過不去，看不開的事情從來不去多想，所以沒有什麼是看不開的。」

想要消除煩惱，其實很簡單，那些看不開、想不透的事情，為什麼一定要放在心上呢？那些不可得、不可取的東西，為什麼不安心地放手呢？生活沒必要那麼累，沒必要自找煩惱，凡事放開胸懷，該放得就放下，該捨棄的就捨棄，該遺忘的就遺忘，該看開的就看開。心境自如的人，無論遭遇什麼，無論面對什麼，都能夠放下心中的結，都可以做到瀟灑自在。

為什麼人生會有諸多煩惱，是什麼在拖累我們，是什麼讓我們步履蹣跚，是什麼讓我們活得如此累？因為什麼呢？如果生活轉個彎會怎樣？不要總是問為什麼，這個世界沒有那麼多的為什麼，沒有那麼多的因為所以，也沒有那麼多的如果。生活就應該簡簡單單，不要執著地把簡單的問題弄複雜了，做人就應該坦坦蕩蕩，將那些繁瑣的東西全部遺忘，將那些不屬於自己的東西全部拋下，將那些看不開的東西全部放下。

　　放下是一種生命和生活品質的保證，佛說：「每一個人都擁有生命，但並非每個人都懂得生命，乃至於珍惜生命。不了解生命的人，生命對他來說，是一種懲罰。」其實每一個人都擁有幸福，但並非每個人都懂得幸福，乃至於珍惜幸福。不了解幸福的人，幸福對於他來說，也會是一種懲罰。

　　其實，生活如此不易，何必再辛苦為難自己呢？看開一些，我們的生活才會更加豁達自在。有位哲人說：「每個人身上都掛著石磨，掛的越多的人，他們的人生負重就越大，就沉淪得越深。」那麼從現在開始，你不妨看一看，數一數，看看自己的脖子上到底掛著幾個石磨？如果有，不妨輕輕鬆鬆地摘下它們。

第八章

盡人事，聽天命，順乎自然是最高招

讓來的自來，去的自去

龍山禪師曾寫過這樣一首詩偈：三間茅屋從來住；一道神光萬境閒。莫作是非來辯我，浮世穿鑿不相關。意思是說人生在世，雖然住的是簡陋的茅屋，吃的是粗糙的食物，但是如果能以智慧去「觀照」世間的功名利祿，以及人間的善惡是非，了解「榮華富貴」的短暫性和虛妄性，自能心地明朗適得其所；那麼，茅屋土階也是亭臺樓閣，粗衣蔬食也是珍膳佳餚，因為心中悟道超然物外，世界是寬敞無礙海闊天空，此時世間萬種的紛爭糾纏，再也無法來擾亂我們悠閒的心境，世人千方百計的鑽營巧取，也與我們毫不相干了。

人的一生，憂傷的時候比快樂的時候多。但這並不意味著我們一定就得哀哀戚戚地過日子。仔細想想，在我們的周圍，每天都會聽到一些壞消息，這些消息已經讓我們無所逃循，那為何不去找一些令人振奮的事情來替自己打氣呢？其實很多時候，隨興、隨心、隨緣就是快樂。

所謂隨緣的人就是對於還沒有發生的事情，會盡人事而聽天命，但對於已經發生的事實，不會鑽牛角尖，即使失敗了，也只是自認倒楣。這樣的人心靈上不會負載太多的壓力，所以常常活得真誠而輕鬆，他們既不損人也不傷己，面對未來，他們有行動力；面對失去，他們承認失去，雖然

承認失去會有痛苦，但他們明白走出痛苦前，得先願意經歷痛苦，他們也深深懂得，只有抱著積極的心態接受事實，才能擁抱未來。

1954 年，巴西的男女老少幾乎一致認為，巴西足球隊定能榮獲世界盃賽的冠軍。然而，天有不測風雲，足球的魅力就在於難以預測。在準決賽時，巴西隊意外地輸給了法國隊，結果沒能將那個金光閃閃的獎盃帶回巴西。球員們比任何人都清楚，足球是巴西的國魂。他們懊悔至極，感到無顏見江東父老。他們認為球迷們的辱罵、嘲笑和丟汽水瓶子是難以避免的。

當飛機進入巴西領空之後，球員們更加心神不寧，如坐針氈。可是，當飛機降落在首都機場的時候，映入他們眼簾的卻是另一種景象：巴西總統和兩萬多名球迷默默地站在機場，人群中有兩條布條特別醒目：「失敗了也要昂首挺胸！」、「這也會過去！」球員們頓時淚流滿面。總統和球迷們都沒有講話，默默地目送球員們離開了機場。

四年後，巴西足球隊不負眾望贏得了世界盃冠軍。回國時，巴西足球隊的專機一進入國境，16 架噴射戰鬥機立即為之護航。當飛機降落在機場時，聚集在機場上的歡迎者多達 3 萬人。在從機場到首都廣場將近 20 公里的道路兩旁，自動聚集起來的人群超過了 100 萬。這是多麼宏大和激動人心的場面！

人群中也有兩條布條特別醒目：「勝利了更要勇往直前！」、「這也會過去！」

巴西的球迷充滿生存智慧，他們深深地了解到：對既成事實要尊重，但不要執著；尊重是好好運用人生的價值，執著就會煩惱、痛苦。

生活需要觸碰，而不是緊握。有時候你需要放鬆，讓生活順其自然，不要過分擔心，也不要過於細緻地規劃。學會放鬆一點，不要握得太緊。深呼吸。塵埃落定時你會再次看見森林中的樹木。

世界建築大師葛羅培斯（Walter Gropius）設計的迪士尼樂園馬上就要對外開放了，然而各景點之間的路該怎樣連接還沒有具體方案。葛羅培斯心裡十分焦躁。巴黎的慶典一結束，他就讓司機駕車帶他去地中海海濱。

汽車在法國南部的鄉間公路上奔馳著，這裡漫山遍野到處都是當地農民的葡萄園。當他們的車子轉入一個小山谷時，發現那停著許多車子。原來這是一個無人看守的葡萄園，你只要在路邊的箱子裡投入 5 法郎就可以摘一籃葡萄帶走。據說這是當地一位老太太的葡萄園，她因無力管理而想出這個辦法。誰知在這綿延上百里的葡萄產區，總是她的葡萄最先賣完。這種給予自由，任其選擇的做法使大師深受啟發。

回到住處，他發了份電報給施工部門：撒上草種，提前開放。在迪士尼樂園提前開放的半年裡，草地被踩出許多小徑，這些踩出的小徑有寬有窄，優雅自然。第二年，葛羅培斯讓人按照這些踩踏出的痕跡鋪設了人行道。1971 年在倫敦國際園林建築藝術研討會上，迪士尼樂園的路徑設計被評為世界最佳設計。

每一個人所走的路不同，得失千差萬別，得意的時候要淡然，失意的時候要泰然，生活奮鬥中還要順其自然，這需要一種磨練，一種定力，一種修養，而絕非一日所能達到的境界，但只要能做到失敗泰然，榮辱坦然，順其自然，並把它看做是「天將大任於是人也」你就會愉快地度過其一生！

　　三毛曾經說過：「生活，是一種緩緩如夏日流水般地前進，我們不要焦急，我們三十歲的時候，不應該去急五十歲的事情，我們生的時候，不必去期望死的來臨，這一切，總會來的。」生活本沒有什麼好壞之分，只是每個人自己的心中都有一個天平，過得好與壞。幸福與痛苦，都是自己決定的，外界的因素雖然會對人的心情產生一定的微妙的影響，但最終的決定權卻是在你自己的手中，你的心態平和，看開了喜怒哀樂、聚散離合，也就看開了生活。生活，很多時候，活的是一種心態，看開些，順其自然就好！

凡事不強求，盡力則足矣

　　古巴的一位短跑名將在某次國際賽事中只獲得了第六名，讓人頗為失望，賽前看好他的許多粉絲和觀眾都無法忍受這樣糟糕的成績，於是對他進行辱罵和人身攻擊。離開賽場後，有位古巴記者甚至不懷好意地對他進行採訪：「請問，跑出這麼難看的成績，你該如何面對支持你的觀眾呢？」這位短跑名將沉默了一會，禮貌地說：「我沒有必要耿耿於懷這樣的結果，我從來不強求自己做那些可能做不到的事，而且我的確已經盡力了，我自認今天對得起所有的觀眾。」

　　但這世上，又有幾個人能面對失敗如此淡然呢？自己熬夜做出來的企畫，卻被老闆批評得一無是處，辛辛苦苦奮鬥了幾十年的事業，一場金融危機，便一切成空，面對這些，我們的心是多麼的不甘，多麼的痛苦。可是靜下心來，我們細細的思量，其實，自己並沒有損失什麼，被老闆罵得一無是處的企畫，起碼讓我們明白了自己的差距在哪裡，事業沒了，但經驗還在，憑著自己這些年的累積，用不了多久，失去的一切還會回來。

　　人生在世，我們更應該看重的是過程，而不是結果，如果我們的眼睛只盯著結果，那麼每個人最終的結果都是化為塵土，如果你每天憂心於這個結果，那你將錯過多少人生的樂趣，這幾十年，你也怕是白來了一場世間。

　　人活一世重要的是經歷，苦也好，樂也好，過去的不再重來，追憶過去只能徒增傷悲，當你掩面嘆息的時候，時光已逝，幸福也就從你的指縫漸漸的溜走，忘記無緣的朋友，忘記投入不能收穫的感情，忘記花開花落的思緒，忘記夕陽易逝的嘆息，忘記一切不該想起的東西，對萬物萬事不要刻意追求，否則很難走出患得患失的失誤，生命要昇華出安靜超然的精神，懂得放棄，學會忘記也就收穫了幸福。

　　臺灣著名散文家林清玄早年曾經遭遇失戀的打擊，相戀五年的女友在咖啡廳裡突然向他提出分手，他苦苦哀求女友能夠留在自己身邊，甚至當著眾人的面對著女友下跪，可是女友最終還是頭也不回的離開了。這件事讓林清玄大受打擊，他每天都活在憂鬱和悲傷之中，後來他決定跳海自殺，為此他還做了一個唯美的自殺計畫，可是當他準備殉情的時候，一個路過的僧人就救了他，並且勸說他放開懷抱，不要對逝去的塵緣念念不忘。

　　經過一番勸說，林清玄終於醒悟過來，覺得愛情原本就不能強求，哪怕自己死了，也無法挽回女友的愛。幾年後，林清玄再次交了女朋友，可是沒過多久，女友向他提出了分手，這一次是在茶館。不過林清玄表現得很安靜很淡定，他沒有哀求，也沒有任何痛苦的表情，只是默默地對女友說：「只想請妳等一下，等我喝完這杯茶。」

　　只要我們盡力去做了，就沒有必要非得完美無瑕；只要盡力去打拚了，就沒有必要非得功成名就；只要盡力去愛了，就沒有必要非得天荒地老。人生只要付出了努力和真心，那麼一切都值得了，那就應該無怨無悔，就應該釋然地放手，給予自己一個解脫的機會，也給予自己一個重新上路的機會。徐志摩說：「得之，我幸；失之，我命。」人要懂得盡人事，

201

也要懂得知天命，命裡如果沒有這份緣，那麼我們實在沒有必要強行延續這段緣，且不說能不能延續，即便延續了也絕對不會幸福。

很多時候，我們渴望走得更遠，渴望生活得更加完美，渴望自己能夠心想事成，可是生活的幸福並不是以這些數量上的標準來衡量的，也不是以最終的結果來評判的。我們盡力去做的目的並不是只求一個飽滿的數據和結果，而是為了讓自己的生活更加充實，而是為了實踐內心的承諾，而是為了那份熱愛和真情，如果你在盡力的時候已經付出了真心，已經感受到了快樂和幸福，那麼最終結果的好壞，最終得失的多少究竟還有多重要呢？如果自己感覺不快樂，那麼得到了又能怎樣？生活並不是一個成王敗寇的世界，尤其是對你自己。只要盡力了，一切就都是值得的，一切的努力就都有意義。

有個小和尚每天晚上半夜了都還在佛堂裡念經，正好被夜晚巡視的老禪師撞見，老禪師覺得很奇怪，於是就前去詢問：「這麼晚了，你怎麼還在這裡念佛經。」小和尚於是恭恭敬敬地起身行禮，回答說：「因為我自覺佛性不夠，還要多念些經書。」老禪師笑著說：「那麼你覺得怎樣的佛性才算是足夠？」

小和尚天真地摸了摸腦袋，不好意思地說：「在我看來，您的佛性就足夠了，因為您每天打坐的時候，都能念完三卷佛經，而我每天都只能念誦兩卷，所以每天晚上要坐在那裡多念誦一卷。」老禪師於是問他現在到底累不累，小和尚微微點了點頭，不過仍然表示要堅持把剩餘的佛經念完。

老禪師微微一笑：「既然累了，為何不去休息呢？佛無長短和多少，那麼你沒有必要去強求什麼。佛經只是外在形式上的東西，你想念時便可

以念，不想去念誦的時候，也無需去念，只要誠心向佛，只要心中有了佛，那麼無論念多少都是佛。」

人生最重要的就是全力走好自己的路，至於走到什麼程度，走向了哪裡，我們何必太在乎，太強求呢？做人應該像蒲公英一樣：如果風將我吹到山間，我就在山間落地生根，如果將我吹到田裡，我就將種子播在田裡生長，如果風將我吹到河流中，我就沿著河水開始新的旅程。無論能走多少，無論能夠走到哪裡，這都是一種緣分，也都是生活的一種安排和餽贈，我們沒有必要去計較長短，沒有必要去計較得失，沒有必要去計較那些遺憾。

生活原本就會有缺憾，而那些缺憾往往才是最自然最美麗的，你強求著修補它們，實際上恰恰破壞了最本質的東西。凡事都不應該過分強求，這樣才不失生活原有的風味，正所謂強扭的瓜不甜，強求的幸福生活其實也不甜，你越是不肯放手，越是在乎那些缺憾，就越是為自己增加痛苦，越是為生活增加負擔。我們的幸福千萬不要被那些不屬於自己的人生綁架，幸福如果是為我們而生的，我們就要開心地感激它；如果為別人而生的，我們就坦然地去祝福它。

得意淡然，失意泰然

有人說：「仕人大多是酒鬼，一半在酒中放歌，另一半在酒中沉淪。」的確，得意時把酒言歡狂歌笑傲，失意時半點淚花十年苦痛，所以中舉的範進瘋了，失意的信陵君沉淪了。因為他們的定力不夠，因為心氣浮躁，所以自己常常會跟著外在的變化起伏不定。其實世間的榮榮枯枯、浮浮沉沉，我們又何必去多做計較呢？這些只是生活中的一部分，你跳不出生活的障礙，終究只不過是自尋煩惱而已。林清玄說人生當有這樣的一種境界：「以清淨心看世界，以歡喜心過生活，以柔軟心除罣礙，以平常心生情味。」

事實上，你成功時，生活並沒有替你多帶來一口清新的空氣，沒有為你多帶來一天春光明媚，沒有為你多帶來一個知心朋友，沒有為你多帶來一份心境澄明。當你失意的時候，你沒有失去春的美，沒有失去秋的氣蘊，沒有失去窗臺的風，沒有失去枕邊的夢，沒有失去二十四小時中的一分一秒。你覺得自己得到了什麼，覺得自己失去了什麼，可是那些終究不過是身外的俗物，它們從來不曾屬於你，所以何來得到，又何曾失去呢？

人生得意時無需竊喜，人生失利時無需暗憂，這一場歡喜一場憂，不過是一場場滑稽的鬧劇，最終煩惱的只是自己，勞累的也只是自己。其

實，生活的是非得失，恰如隔岸觀水，任它水下是群魚嬉戲，任它波底是暗湧翻滾，我們只看它水平如鏡。只要心靜，只要足夠淡定從容，那麼人生就無所謂順境逆境，無所謂得與失，無所謂成功失敗，有的只是生活，平平淡淡卻真真切切，而生活就該讓淡定成為一種習慣。佛說世間一切都是身外之物，一切都是如霧如電的幻影，得意時是空，失意時也是空，什麼也沒有得到，什麼也沒有失去，人生是得是失都不妨淡然地一笑而過。

五代十國是中國歷史上佛教比較興盛的時期，各國都比較信佛尊佛，但是因為戰亂不斷，所謂的尊佛往往是短暫的，很多君主一方面大肆信佛，另一方面又對僧人進行屠戮，反差特別大。惠恆禪師就出生在那樣動盪的年代，因為悟性很高，精通佛法禪學，他成了王公貴族的座上賓，經常有名人顯貴前來拜訪他，他的名望非常高，就連許多君主都親自接見他，甚至進行封賞。這一段時間是惠恆禪師最為得意的時刻，自己的佛學得到了極大的傳播，自己的聲望也達到了頂峰，在很多教徒眼中，他甚至可以稱得上是佛的代表。

因為惠恆禪師受到大家的尊重，他的幾個弟子也跟著春風得意。有一次，大弟子對禪師說：「師父，修佛之人若能到達你這樣的境界，那麼才算得上是不枉一番潛心修練。」禪師聽了根本就無動於衷，他只是淡淡地回了一句：「我修的是佛，也只是在修佛而已。」

世事如白雲蒼狗，十年之後，戰亂迭起，政權交替，新來的君主決定驅逐和屠戮那些僧人，很多僧人因此都成為了政治的犧牲品，惠恆禪師幸運地躲過了一劫，但是他已經不是原來那個聞名天下、受人敬重的禪師了，而是一個被人奪走了廟而四處雲遊的野和尚，開始顛沛流離的生活，即便站在人群之中，也不會有人認出他來，更不會有人畢恭畢敬地尊稱他

一聲「禪師」。想來前半生志得意滿，如今卻如此落魄，實在讓人倍感唏噓，他的弟子們大多走的走，散的散，惠恆禪師已經失去了往日的魅力。

這時候，大弟子不忍見到師父因為際遇落魄而倍受打擊，所以一直伴隨左右，始終沒有離開。有一天，惠恆禪師對大弟子說：「你跟著我受了不少罪，為什麼不離開呢？你可以自己找個安生之所，或者還俗回鄉也行。」大弟子回答說：「師父在說什麼，如今您淪落至此，我怎麼能夠離開？」惠恆禪師微微一笑：「我一直都只在修佛啊！時代變了，人也變了，但我的佛心還沒有變。」

中國歷史上唯一的女皇帝武則天，生前霸道，也很有野心，可是死時卻全部頓悟，命人立下無字碑，是非功過全然不在乎了，全部留給後人去評說。結果「一字不著，盡得風流。」境界比中國其他那些帝王要高出不知多少

有人將人生總結為三種境界，第一種是「看山是山，看水是水」的境界，這是孩子般的世界感官認知，眼中見到什麼就認定是什麼，沒有任何多餘蕪雜的單純想法；第二種是「看山不是山，看水不是水」的境界，人生風風雨雨走過一遭之後，對於這個複雜善變的世界有了一定的感悟和理解，產生了一種複雜猶疑的世界觀，出於自我保護，人們不再輕易相信自己眼睛所見到的東西，所見非人，所聞非物；第三種是「看山還是山，看水還是水」的境界，這是看破世事後的灑脫與豁達，人生的一切都經歷了，也都看開看透了，此時的心靜已經完全歸於平和澄明，返璞歸真。人生需要這種返璞歸真的心態，需要明見心性看開看透世間一切外在的空相。

「生亦欣然、死亦無憾。花落還開，水流不斷。我兮何有，誰歟安息。明月清風，不勞牽掛。」人生不為形奴役，不為物奴役，不為空相奴役，無論世事如何變幻，無論生活如何起伏，我們仍然做著自己，我們仍然過著自己的人生。任憑外面的世界如何蕪雜，任憑生活如何變幻起伏，然而生活就是這樣，這就是真實的生活。所以每個人都要為自己保留一個相對平靜的世界，都要為自己留下一片澄明淡然的心境，將人生的苦樂放在一邊，人生的得失放在一邊，人世的浮華落寞放在一邊，繁華的讓它去繁華，荒蕪的讓它獨自荒蕪，一切都與我們無關。

蘇東坡說：「且趁閒身未老，盡放我、些子疏狂。」人生需要這一份瀟灑和超脫，需要超脫任何外在形式上的拘束，讓胸懷更加開闊，讓心靈更加自由，讓人生不黏不滯，揮灑自如。道引禪師也說過：「人生百態不過是陰晴晦明，如是清風朗日，會是山地間步行觀景；如是陰雨連天，且不妨草廬中做吟枯禪。」人生得意何妨，失意又何妨，生活還在繼續，佛還在繼續。

擁有讚嘆、歡喜心，是擁有幸福人生的祕訣

佛曰：「別人勝過我，比我好的，我要敬重他，不能有傲慢，不能有嫉妒，你要懂得尊重，要懂得敬愛。一個人，如果學會了讚嘆別人，擁有一顆能夠因為別人的成功而歡喜的心，才能擁有真正的幸福人生！」

自私是讚美的天敵，在渴望得到別人讚美的同時，我們應該學會欣賞別人的優點，學會讚美別人。讚美別人是豁達的人的一種表現，既能為他人帶來快樂，也能替自己帶來快樂。對別人的一聲讚美，不僅會讓別人信心百倍，心情舒暢，而且自己也會感受到快樂的氛圍。

有一次，卡內基（Dale Carnegie）去紐約一家郵局寄信，發現那位負責掛號信的職員對自己的工作很不耐煩，便決定要讓他快樂起來。於是，他開始尋找這位職員值得欣賞的地方。輪到卡內基寄信時，他雙跟注視著那位職員，很誠懇地對他說：「你的頭髮太漂亮了。」那位職員抬起頭來，驚訝地看著卡內基，臉上出現一絲快樂的微笑。於是他開始和卡內基愉快地交談起來。

走出郵局後，有人問卡內基為什麼那樣做。卡內基說：「不為什麼。如果我們只想從別人那裡得到什麼，而不願為別人付出一句讚美，為別人

帶來一點快樂，那也無法讓別人感到我們的真誠。如果一定要說我想得到什麼的話。那就是一種無價的東西，一種永遠為我帶來滿足感的東西。」

　　在生活中，有時一味的責備和批評往往只會帶來更大的怨懟和不滿。如果你的目的是為了讓狀況改善，為什麼不試試用誇獎的方式呢？由衷地讚美，是人生中最令對方溫暖卻最不令自己破費的禮物，它的價值也是難以猜想的。當你用心觀察對方的優點，並且發自真心地表達讚美，友善的關係便在一言一語中逐漸建立、累積。

　　一個公司裡有孫小姐、張小姐兩個人起了嫌隙。一天小張對她的同事李先生說：「你去告訴孫小姐，我真的受不了她，請她改一改她的壞脾氣，否則我再也不會理她了。」李先生說：「好，我會處理這件事。」之後，當張小姐遇到孫小姐的時候，果然覺得她不再那麼盛氣凌人了，而且還主動地跟張小姐友好地打了招呼。在以後的日子裡，孫小姐變得和氣又有禮貌，與從前相比，簡直是變了一個人。張小姐就向李先生表示謝意，並且好奇地問：「你是怎麼說服她的？」李先生笑著說：「我只是跟孫小姐說，『有好多人都稱讚妳，尤其是張小姐，說妳又溫柔又善良，不光人長得漂亮，脾氣也好，人緣也好！』如此而已。」

　　讚美別人，可以使我們的心靈在欣賞與讚美中得到淨化。讚美別人，可以使我們的內心洋溢著愛，從而建立健康和諧的人際關係。如果經常讚美別人，便會發現我們身邊有太多美好的東西，我們的生活充滿了陽光，會發自內心對生命、對生活的充滿感激。在這個節奏飛快的年代，在這個無暇溝通的生活環境中，學會讚美別人，人與人之間便會多一份理解，少一點戒備；多一份溫暖，少一點冷漠；多一份融洽，少一點隔閡。

別被規矩束縛，隨緣也是自在

大家都知道，佛門弟子是禁止飲酒和吃肉的，可有一個和尚卻既喝酒又吃肉，但是他的修行高深，被列為禪宗第五十祖，這個和尚就是眾所周知的濟公。濟公經常說的一句話就是「酒肉穿腸過，佛祖心中留」，他不受戒律拘束，嗜好酒肉，舉止似痴若狂，卻總打抱不平、扶危濟困、學問淵博、行善積德。他所修的佛與別人修的一樣，但他的修行卻比別人高出許多。

有個得道的老和尚四處雲遊，希望增加自己的佛法修為。有一次，他在路邊看見一個僧人正在喝酒吃肉，可是與人說話時卻一口一句「阿彌陀佛」。老和尚覺得對方只不過是一個到處招搖撞騙的假和尚而已，於是走上前去問話：「請問你是和尚嗎？」

僧人看了他一眼，也不雙手合十行禮，只是把酒杯一放，開開心心地回答：「是」。老和尚接著問：「我聽說和尚是不喝酒不吃肉的，那你是哪裡的僧人，你為什麼吃肉喝酒？」

「因為我吃的不是肉，喝的不是酒。」僧人從容地回答。

「怎麼不是肉和酒呢？你自己看錯了，難道我的眼睛也看錯了嗎？」

僧人笑著回答：「修佛之人所見的一切都是幻像，花非花，霧非霧，肉不是肉，酒也不是。即便是真的酒肉，那我也是修酒肉的佛。」

「既然如此，那你修的佛還需要念經誦佛，打坐參禪嗎？」

僧人搖搖頭。

老和尚接著問：「為什麼你不念佛誦經，為什麼不打坐參禪？」

僧人淡然地回答說：「佛讓我閉口不說，我就靜心冥想，佛讓我站著修禪，我自然不會坐著了。」

老和尚聽了只想笑，「那為什麼佛沒有讓我也這樣做呢？難道你覺得我這樣修的不是佛嗎？」

僧人放下酒杯，笑著回應：「當然不是，人人都修自己心中的佛，只不過我修的是大千世界中的活佛，你修的是佛經上的死佛。」說完之後，提起酒杯大口嚼著肉離去。

老和尚聽了慚愧不已，感嘆到：「他沒有被這些東西困住，倒是我的佛心被困住了。」

一個人的心，一旦走入固定的模式，就會鑽牛角尖，像裝在甕裡的人。規矩是人定的，當然也會隨著人的改變而改變，如果一味的守著規矩做事，一個人是很難有所成就的。

當然，想要做到隨心意而活，的確很難，生活中總有太多的規則在束縛我們，使我們不敢去想，不敢去做，不敢去愛，不敢去恨，不敢表現最真實的自己，不敢表現最真實的感情，不敢表現最真實的聲音，不敢表現最真實的心意。每次做出決定之前，總是放不下自己的面子，放不下自己的身分，放不下世俗的牽絆，放不下外界的期盼和評價，我們的一舉一動都是程式化的，我們的一言一行都沒有超脫世俗的規範，我們的一言一行都是強迫性地擺在聚光燈下做給別人看的。

難道這樣活著不覺得很累嗎？難道為自己套上各種枷鎖，把自己關

進囚籠，這才是自己最想要的生活嗎？有位哲人說：「這個世界是個大籠子，而人心是小籠子。」我們被困鎖起來，如何才能輕易逃脫呢？總是會有一些聲音時時鞭策我們「最好不要這樣去做」、「不能這麼去做」、「這樣做不划算」、「不能太任性妄為」，我們被社會規範，被大眾的審視眼光壓得喘不過氣來，被大眾的審美觀念牽著鼻子走。

其實我們想得太多了，考慮的東西也太多了，你在為別人而活，你在為這個世俗的世界而活，只會讓自己失去獨立自主的能力，只會讓自己隨波逐流，失去人生的方向。你忽略了自己最真實的想法，忽略了最真實的生活方式，我們自己將問題弄得複雜多變，也為自己增加了許多不必要的煩惱。我們應該過自己想要過的生活，應該抓住自己想要抓住的幸福。只要不違背良心和法律，那麼一個人應該義無反顧地追求自己想要的東西，哪怕失敗了也該無怨無悔，重要的是自己去做了，重要的是給了自己一個最誠懇的交代。

如果愛一個人，就勇敢去表白，就勇敢去追求，不要有太多的顧慮。考慮家庭背景，考慮年紀的差距，考慮別人的看法，考慮生活條件，考慮性格的適合度？這些是否有必要呢？你想得越多，困惑和疑慮就越多。人生就應該自在一些，緣分來了，為什麼一定要克制自己呢？為什麼要為那些不相干的東西多做思考呢？其實兩個人相愛根本沒有必要弄得那麼複雜，愛情原本就非常簡單。想做就要去做，如果瞻前顧後，左右搖擺不定，最終只會白白浪費時間，只會讓自己更加痛苦。

其實，無論做什麼，都要跟著自己的心走，跟著自己的感覺走，只要認為合情合理，自己想做什麼就會去做，不要受到各式各樣無謂的規則制度的束縛，也不要抱有任何思想包袱。你應該時刻提醒自己：這是自己的

生活，這是自己追求的幸福，這是自己掌控的人生，沒有任何東西能夠干擾你做出決定，沒有任何東西可以剝奪你對生活的控制權，沒有任何東西可以操縱你的人生。我們每一個人都是絕對自由的個體，都有自由追尋的權利，我們都應該自在地活在自己編織的夢想裡，無論是成功還是失敗，無論會遭遇多少磨難和阻礙，我們都應該為自己的決定鼓掌加油，因為我們終究在為自己活著。

　　既然想要飛翔，就不要在乎飛往何處，就不要在乎以何種姿態飛行，有一雙翅膀，有一顆追尋自由的心，那就足夠了，那麼不妨放下一切雜念，跟隨自己的心去飛翔。不要太在乎別人說什麼，不要被他人牽絆住自己的想法，走自己的路，別人要說就讓別人去說吧！都說人生如戲，戲如人生，既然是戲，那麼我們就沒有必要太看重規則，沒有必要那樣認真，做人還是隨性一點，要跟著自由的心走動，如果認真，那你就輸了！

第九章

耐得住寂寞，人生才不會失所

認知真我，才是擺脫迷途的開始

在一個電視節目中，主持人向臺下的觀眾拋出這樣的一個題目：「我是誰？」很多人聽到這個題目都暗暗發笑，我不就是我自己嗎？我有名字，有身分證，有戶口，有社會的定位，有角色的證明，可是，這些真的能夠說清楚我們是誰嗎？我們有各式各樣的頭銜，局長、企業總經理、作家、音樂家、當紅明星、知名律師等等，可是這些頭銜就能證明你是誰嗎？除去身上的這些頭銜，你是否還認識自己？除此之外，我們每天還在扮演著不同的角色：父親、丈夫、兒子、情人、商人、導師、領袖、君子等等，面對這些形形色色的面具和臉譜，你是否分得清哪張才是真實的你？你又是否演過最真實的自己呢？是否願意演回最真實的自己呢？

或許有一天，我們真該好好靜下心來想一想，「我是誰？」張三李四？一個名字？一個多重角色的人？一個沒有任何地位的角色？褪下那些頭銜，拋開那些角色，我們會是誰？會是怎樣的人？我們應該清楚地了解真正的自己，了解真我所處的生活狀態。然後才能知道自己真正喜歡什麼，需要什麼，想做什麼。

有個年輕人被人稱為萬事通，也就是沒有什麼事是他不知道的，但他卻一點也不快樂。他去找佛陀訴苦，佛陀帶他進入一個山洞，指著一尊雕

塑問他：「你知道這是誰嗎？」年輕人遠遠看了一眼雕塑，覺得有些眼熟，但實在想不起來。他覺得雕塑的樣子張牙舞爪、面目猙獰，心想這應該是個魔鬼。於是他告訴佛陀說：「這是一個魔鬼。」

　　佛陀搖搖頭，讓他再次認真看清楚。年輕人左看看右看看，還是覺得有些眼熟，不過這次他沒覺得雕塑張牙舞爪，而是姿勢怪異，但表情嚴肅，他心想這可能是個正在生氣的正人君子。於是告訴佛陀說：「這大概是一位君子吧！」佛陀聽了連連搖頭，對他說：「你為什麼不安安靜靜地看個清楚呢？」

　　年輕人只好再次仔細觀察雕塑。這一次，他看見雕塑的手中拿著一本書，心想這一定是個飽讀詩書的才子，於是告訴佛陀說：「我覺得他是個大才子。」佛陀仍舊不停地搖頭。

　　就這樣，年輕人一遍又一遍地觀察雕塑，一下說這是一個開心的手舞足蹈的人，一下說是位怒髮衝冠的將軍等等，但佛陀每次聽了都是搖頭，要他繼續觀察。年輕人實在受不了了，懇求佛陀告訴他這個人到底是誰。佛陀嘆了一口氣，對他說：「這尊雕塑其實就是你自己呀！只不過你只看到了它每一個面貌的特徵，卻不曾想過最本質的東西。」年輕人聽了大吃一驚，怪不得覺得雕塑很眼熟，但不敢確定，原來竟是自己，不禁羞愧難當。

　　現實生活中，我們又何嘗不是如此，僅僅看到自己或者別人的一面，就草率地為自己或者別人下了結論，卻不知道或許你看不到的那一面，才是自己或者別人真實的面孔。詩人梭羅（Henry David Thorcau）拿著斧頭孤身走進瓦爾登湖的叢林之中時，別人都說他是瘋子，是因為別人只看到了他瘋狂的一面，那他自己呢？兩年零兩個月又兩天的獨居生活，他又是否找到了真正的自我呢？

　　塵世的生活光怪陸離，豐富多彩，有數不盡的高樓大廈，有光彩奪目的金銀珠寶，有華貴漂亮的華服，或許還有別人豔羨的目光，你便沉浸其中，不知自拔。可是當某一天，你清醒過來時，你卻發現，你並不需要那麼多的財富，也不想整天生活於鎂光燈下，這繁華的世界，對於你只是一種累贅、負擔，你只想過最平凡的生活，只想做最簡單的事，只想尋找最純粹的快樂，只想追尋最真實的感情，只想做最真實的自己。

　　生活令我們迷失得太遠，令我們沉淪得太深，我們需要不時地審視自己的生活，才能使自己不至於忘記最初的夢想，不至於迷失了真我。陶淵明說：「歸去來兮，實迷途其未遠。」從現在開始，我們也應該迷途知返，應該在寂寞中為自己守護住一份寧靜，應該在寧靜中過濾自己多餘的雜念，沉澱身上的浮華，洗淨身上的鉛華。只有靜下心來，讓心靈慢慢沉澱，我們才能還原一個最真實的本我。

　　有個虔誠的佛教徒一心修佛，可是每次他都不習慣打坐，一打坐他的心中就會產生諸多煩惱，過往種種的不如意不順心，全部會呈現出來，站著反而好很多，根本沒有什麼雜念，這讓他非常苦惱。

　　有一次，他遇見母音大師，就問母音大師：「我不打坐的時候根本沒有什麼煩惱，為什麼一打坐，意念反而就更加多了？」

　　母音大師回答說：「不是打坐使得意念多了，而是打坐才能看見意念。不打坐就像一盆渾濁不清的水一樣，泥沙都混合在水裡，你根本看不見。而打坐靜心之後，泥沙也就漸漸沉澱下來，你才能看見和分離它們。」佛教徒這才明白過來，原來打坐中的雜念都是自己靜心後沉澱出來的東西，是一次沉澱和排毒的過程，於是開始決定每天打坐修行。

　　每個人都應該尋找最純真、最本質的自己，就像尋找自己的根一樣，一個人如果連自己的根也找不到，也抓不住，那麼只能像隨波逐流的浮萍一樣迷失在社會的物欲橫流當中，只能像斷線的風箏一樣被大風無情地放逐到紅塵裡去。我們每個人可能都是迷失者，尋找真我，就是對生命的一次尋根，是對人生的一次重新梳理，是對自己的一次救贖。不管人生多麼風光輝煌，不管面具下的生活多麼舒適，多麼誘惑，我們都應該做回自己，都應該擁有一顆最純真的心，一顆最本真的心。你不妨試著將自己的一一面具摘下，看看哪一張臉譜和自己最相近，靜下心來好好想想，看看自己在迷途中究竟走了有多遠，看看離最真實的自己有多遠？那麼從現在開始，救救你自己！

追求心的寧靜，自己簡單了，世界就簡單

我們經常會聽到這樣的話：「你怎麼這麼浮躁啊，不能有點耐心嗎？」可是，在這個非常講求效率、講究速度的年代，效率就是財富，速度就是金錢。動物生長慢了，我們有各式各樣的激素促進生長；厚重的書籍沒時間閱讀，我們有精華版、縮減版；就連愛情，也有僅僅相識幾天就結婚的閃婚，坐下來，靜靜地談一場愛情，已經變成了一件奢侈的事。

現在，我們聽得最多的詞語是「高速發展」，慢工出細活、精雕細琢早已不知被丟在哪個角落。生活在這樣的環境中，我們又怎能不浮躁，又怎能心平氣和地坐下來。

心理學家認為，浮躁是現今社會普遍的不良心理狀態，浮躁的人通常會表現得心神不寧、焦慮不安、躁動、冒險，愛發脾氣，做事缺乏耐心。這不但不利於一個人的學習和工作，時間長了還會對一個人的身體和精神產生危害。

越來越快的生活節奏讓我們越來越焦慮不安，在這種壓力下，我們日益變得寢食難安、心理的承受能力大打折扣。在工作中，我們總擔心自己的工作是否被認可，薪水有沒有上漲的可能，下一個升遷的是不是我；在生活中，我們總是擔心是不是因為我沒有錢，沒有權，別人都看不起我；

在愛情、婚姻中，我們總是擔心對方是不是真的愛自己，還是另有其他的目的等等。我們的心，再也不像最初那樣平靜、簡單了，我們用浮躁、複雜將自己束縛起來，我們的心，越來越像一顆定時炸彈，一事不順，就有可能將自己和別人炸得粉身碎骨。

不知道是誰，在海邊放了一桶水，並賦予這桶水靈性。這桶有了靈性的水自然就有了想法，再也不像最初那樣平靜了。它看見大海中自由自在湧動的海水和隨風蕩漾的浪花，心中十分羨慕，總是想，為什麼自己就不能蕩漾出美麗的浪花來呢？於是，它日日夜夜地撞擊著水桶，希望有一日能夠撞倒水桶流入大海之中，與海裡的水一起翻滾、湧動。終於，它將水桶撞倒了，但桶中的水卻滲入了沙土之中，再也看不到蹤影了。

浮躁源於比較，源於沒有正確的目標和追求。人人都渴望一夜成名，一夕致富。看見別人的別墅豪車，我們夢想著有一天天上能掉個大大的餡餅下來，砸中自己，殊不知道天上不會掉餡餅，卻會掉石頭，說不定會砸得你頭破血流。為了賺錢，我們放棄了自己的理想，放棄自己的專業，做了自己並不願意做的事情，選擇了自己並不喜歡的工作。最後，房子有了，卻沒有家，婚姻有了，卻沒有感情，工作有了，卻沒有熱情，事業有了，卻沒有成就。我們得到了自己並不想要的東西，卻放棄了自己本應該追求的東西。

寺院之中，有個老和尚和一個小和尚。一天，老和尚看到佛像的表面已經有了破損之處，需要重新鍍造，於是對小和尚說：「徒弟，你要隨為帥卜山化緣，重塑寺中佛像的金身。」小和尚聞言回答：「師父，現在正值酷暑，我們還是等天氣涼爽點再去吧。」老和尚卻揮揮手說：「隨時。」

　　沒辦法，小和尚無奈地隨老和尚下山了。沒過多久，師徒二人走進了一個小村莊，敲響了第一戶人家的門，開門的是位慈祥的老婆婆。老和尚雙手合十道：「施主，寺廟之中的佛像要重塑金身，不知施主能否施捨一些？」

　　老婆婆聽後，將幾個銅板放到了缽盂之中，這時，一個打扮的花枝招展的女子走了出來，將缽盂之中的銅板搶走了。小和尚不滿地對師父說：「師父，到手的緣被人搶走了。」

　　老和尚卻說：「沒事的，不該化到的緣，即便化到了，也會失去的。」老和尚看了看滿臉愁容的小和尚，搖搖頭說：「隨性。」

　　快到中午的時候，師徒二人走到了一個大戶人家的門口，敲了敲這家的門。這家的主人是位和藹可親的老員外。小和尚看到了老員外腰間沉甸甸的錢袋，非常開心，心想這位老員外一定會多施捨一些錢。誰知說明來意之後，老員外從錢袋中只拿了幾兩碎銀子放到缽盂之中。小和尚不高興地碎念起來：「這個人怎麼這樣小氣啊！」

　　沒想到，小和尚的話被老員外聽到了，老員外生氣地要回了銀子，還「砰」地一聲關上了門，將師徒二人關在門外。小和尚見狀非常沮喪，對老和尚說：「師父，都怪我，讓我們的緣又沒了。」

　　老和尚看看空空的缽盂，笑著說：「隨緣。」

　　整整一天，師徒二人才化到幾兩碎銀子。小和尚便問師父：「師父，這樣下去，我們什麼時候才能化夠為佛祖塑身的銀子啊？」

　　師傅說了句：「隨緣！」

　　一個月過去後，師徒兩人終於化夠了幫佛祖塑身的錢了，小和尚非常開心，而老和尚卻說：「隨喜。」

　　或許，我們都能從故事中的小和尚身上找到自己的影子：怕困難、心浮氣躁、患得患失。而老和尚則是我們要學習的榜樣，他內心寧靜，將外在的事物皆看得簡單，能直接看到事物的本質，「隨時、隨性、隨遇、隨緣、隨喜」，無論前方的路是艱是易，無論事情是好是壞，萬事皆隨緣，不計較得失，表面上雖為隨意，實際上卻是洞察了世間玄機之後的豁然開朗。

　　佛家有云「萬念皆由心生」。我們想要的東西太多，能得到的卻少之又少，而能抓在我們的手裡的，我們卻往往視而不見，眼睛總是盯著那些得不到的，所以，我們痛苦，我們抱怨，我們掙扎，我們讓自己的生活變得一團糟，卻從來沒有想過，將自己的心放空，便能盛得下一切。

　　所謂「有心栽花花不開，無心插柳柳成蔭」，不過分在乎，不過於擔心，即便得而復失內心中也不會有幾許波動。無論做什麼事，都應腳踏實地，一步一腳印地走下去。佛家有云：「人之所以會痛苦，就在於追求了錯誤的東西。我們有自己所要追求的東西，為何要和別人比較呢？為何總是想著擁有別人擁有的東西？」我們雖然沒有大海的浩瀚和自由，卻擁有水桶中的安逸；我們雖然沒有大海之上翻滾的浪花，但我們不用經受拍擊在岩石之上的痛苦。其實，成功很簡單，幸福也很簡單：無欲無求，簡簡單單地生活。

你就是自己的淨土

　　忙忙碌碌之中，偶爾我們應該問問自己，在光怪陸離的霓虹閃爍下，在人潮湧動的街道上，在汽車喧囂的鳴笛聲中，在冰冷的鋼筋水泥地上，在爾虞我詐的鬥爭中，我們能聽見什麼，能體會什麼，還能去發現什麼？我們是否認真聽過一首歌，是否認真品過一杯茶，是否認真看完一本書，是否認真聽過秋蟲的低鳴，是否認真觀賞過明月星辰；是否認真交過一個真心朋友，是否簡簡單單地愛過一個人？在每天的疲於奔命中，我們錯過了春花春雨春雷的欣喜，錯過了「秋風秋雨愁煞人」的詩意，錯過了雨打芭蕉的夏夜，錯過了梅花弄情的寒冬。我們在燈紅酒綠之中迷失了，在是是非非中惶惑了，在我爾虞我詐中汙染了，在人世沉浮中麻木了，在喧囂浮華中浮躁了。

　　也許我們早已厭倦了這種虛偽麻木的生活，厭倦了汙染嚴重的空氣，厭倦櫛比鱗次櫛次鄰比的高樓大廈，厭倦了塵世的喧囂與浮華。我們早就想逃了，想逃到一個沒有紛擾，沒有爭奪、沒有汙染的純淨世界。但遍尋世間，哪裡又是我們心中的淨土呢？這世界到處都是人類喧鬧的聲音、雜沓的腳印，陶淵明的世外桃源早已成為鋼筋水泥的天下。

　　我們厭倦紅塵，卻又離不開紅塵，因為這裡有我們的親人、朋友，有

我們的夢想與抱負，所以，我們只能身在紅塵中，心在紅塵外。我們可以在自己的心裡簡單地生活，悠閒地品一杯清茶，無拘無束地笑，坐看雲卷雲舒，遙聽大自然的輕響，聞到花的幽香，草的清新。我們的心靈，就是我們的淨土。

有個人厭倦了世俗的浮華與喧囂，想要找一個安靜、與世無爭的地方生活。有一天，這個人聽人說佛祖所在的靈山聖地是難得的一片淨土，那裡寧和安靜，沒有是非紛擾，沒有爾虞我詐，沒有欺騙和謊言，也沒有無處不在的喧囂浮躁。他非常高興，立刻就決定動身前往靈山。

在西去的路上，他遇見了一位老禪師，於是就向老禪師打聽去靈山的方向。老禪師微微一笑，反問他：「你為什麼要去靈山呢？」這個人一五一十地將自己的心事告訴了老禪師：他想要遠離人世的紛紛擾擾，想要讓自己更安心地生活下去。

老禪師說：「如果是因為這個原因，那你就不用去靈山了。」這個人聽了非常不解，追問道：「為什麼不用去了，難道靈山那裡容不下我？」老禪師搖搖頭，回答說：「因為靈山根本不存在。」這個人一聽就笑了，「別人都說靈山是佛家的聖地，都知道有這樣的地方，你一個出家人自然也是知道的，卻說它不存在，你是不想讓我去吧？」老禪師解釋到：「修佛之人自然是人人都知道靈山，但是佛家的靈山是藏在心中的，西方極樂世界也是藏在心中的。」

這個人有些慌亂了，「難不成真的不存在那樣的淨土？」

「其實，所謂的淨土就在我們自己的心中，那裡無一處是喧囂，無一處有爭鬥，無一處是欺騙，無一處有是非。但是如果你心中不淨，內心也不靜，自然尋不到淨土，哪怕去了靈山也是枉然。」

　　佛說世間一切全是你自己造就的，浮華是你造就的，是非是你造就的，虛偽是你造就的，困惑是你造就的，煩惱是你造就的。與其說你逃不開這個世界，還不如說你始終逃不開自己的心，你沒有辦法讓自己的心安靜下來，沒有辦法在浮塵浮世中讓自己的心跳變得舒緩柔和，沒有辦法讓自己的心從迷惑和屏障中超脫出來。你心裡所想的是山，所見的就是山，心裡所念的是水，所見的自然是水，心裡所放的是繁華和虛無，所得的自然是繁華和虛無。

　　你的心中裝滿了整個世界，你的心就是整個世界，你想要超脫，想要尋求淨土，那麼首先就要懂得在心中開闢淨土，要懂得讓心靜下來，讓自己從繁華世界中超脫出來，將自己從渾渾噩噩中解放出來，讓自己沉澱一切，看開一切，成為一個真正的麥田捕手。

　　你理想中的淨土是怎樣的呢？沒有浮華，沒有喧囂，沒有是是非非的牽絆？如果你心靜了，那麼自然可以超脫浮華，自然可以過濾掉喧囂，自然可以不理會那些是是非非。你覺得淨土中應該有最簡單的生活，有最單調的快樂，有最樸素的情懷，有最簡約的生活風格。也許等你心平氣和地面對生活時，就會發現自己的生活原來可以那樣簡單，自己的快樂可以那樣純粹直接，自己的情懷可以真誠樸素，自己的生活方式可以簡約隨性。或者你認為所謂的淨土其實就是空靈，就是詩意，就是隨性而動的自由，就是與世無爭的天堂，那麼當你放下心中的枷鎖，當你沉澱人世間的浮躁，就會發現自己早就在空靈之境中讀取詩意，早就自在地活在幸福的天堂。

　　「即使世界明天毀滅，我也要在今天種下我的葡萄樹。」這是德國人的淨土；；「夾岸數百步，中無雜樹，芳草鮮美，落英繽紛。」這是陶淵

明的淨土。每個人都需要為自己尋找一片純淨的天地，而淨土自在人心。任它風淒雨厲，任它狂沙漫卷，任它山搖地動；任它浮華遮目，世事浮沉，任它人心不古，爾虞我詐。我們只黯然地寄宿在那一方淨土之中，不受半點風塵的沾染，不受半點浮華的侵蝕，不受半點風雨的叨擾。

　　我們要成為生活的開拓者，要為自己的人生開闢一方淨土，那淨土就在心靜處。1930 年代，一位英國人懷抱著美好的夢想前往東方尋找香格里拉，後來他將那裡稱之為人間的淨土和天堂，並寫出了暢銷小說《消失的地平線》（*Lost Horizon*）。看過小說的人都不遠萬里去到中國尋找這方人間的淨土，可是時過境遷，如今人們再次去到香格里拉，都會感嘆那裡的寧靜早已經被世俗喧囂取代了，早就被攤販的叫賣聲，被汽車的鳴笛聲，被熙熙攘攘的人潮淹沒了，昔日的香格里拉已經面目全非。是什麼導致了香格里拉的消失呢？是什麼摧毀了一方美好的淨土？美景還在，高山流水還在，白雲清風還在，只是人心已經不再淡定了。如果我們可以靜下心來，可以超脫繁華世界的干擾，那麼心中自然有一處「香格里拉」。

學會享受寂寞，才能了解人生

　　有位詩人說：「我一直在尋求寂寞，我需要一顆寂寞的心，因為只有寂寞的心才是不死的。」可是生活中，我們最怕的是寂寞，那漫漫的長夜，只能看見自己的影子，只能聽見自己的呼吸聲，這是多麼可怕的獨孤與淒涼。所以，我們寧願沉浸於燈紅酒綠、夜夜笙歌，用酒精灌醉自己，也不願獨自守著空洞的房間。可是我們卻不知道，正是這份寂寞，讓我們得以在喧鬧中靜靜地思考，回味人生。

　　於這個龐大的世界而言，我們都只如滄海一粟，很容易淹於茫茫的人海中，雖然我們也有夢想，有抱負，卻未必每個夢想都能有幸實現，大多數人都還掙扎於生存的邊緣。為了生存，我們不得不去追逐、去爭取，慢慢地，世界留在我們眼中的，只剩下了喧囂和強者生存的法則，沉默的大多數早已不知被擠到了哪個角落。我們活著，卻或許從來都不夠了解自己；不敢面對自己，不知道自己到底想要什麼，而是像浮萍那樣隨波逐流，像孤鴻那樣四處飄零，浮華遮蔽了我們的雙眼，浮躁矇住了我們的心靈，曾經的夢想卻越來越遠。

　　有個女人在河邊洗衣服時想要看清自己在水裡的倒影，可是水面上有很多鴨子在戲水，「嘎嘎」的叫聲不斷，而且水面一蕩一蕩，什麼也看不

清。於是女人想把水面弄平，不過她越是拍打水面，水裡的波紋就越大，波紋越大她就越急躁地拍打水面，結果半天也沒有照出大概的影子。女人生氣地坐在岸邊大聲地咒罵鴨子。

有個老禪師經過河邊，看到這番景象，於是上前詢問。知道了事情的經過，老禪師對女人說：「妳這樣根本無法看清自己的倒影。」

女人疑惑地反問道：「難不成這水裡面的不是我本人？」禪師回答說：「那當然是妳，不過水中只能照出妳，而妳卻看不清自己。」女人不解地搖搖頭，表示不是很理解老禪師的話。禪師笑著說：「為什麼不選擇一個安靜的地方呢？為什麼不讓妳的心靜下來呢？如果妳願意端一盆水去一個無人打擾的地方，當然也就能好好看清自己的容貌了。」

在浮生浮世中，我們受到各種干擾，受到各種牽絆，如果沒有強大的定力，試問該如何靜心修行呢？一個喧囂躁動的環境，一顆浮躁的心，只會讓自己在世俗中越陷越深，只會讓自己越來越痛苦。我們要懂得讓自己更加寂寞，要及時從喧囂熱鬧中脫離出來，要走進自己創造的個人世界中，我們要讓自己的心靈更安靜一些，應該讓自己的更加超脫一些。生活需要寂寞，人生應該為自己尋找一處僻靜之所，應該讓自己在寂寞中靜修，在靜修中尋求感悟和超脫，在感悟和超脫中尋求自我的人生。這樣才能明見心性，才能觀察自己的一言一行，才能知曉人生的一切。

當繁華落幕，當煙花滅寂，當驟雨初歇，當潮水退去，我們會在寂寞中品味出不一樣的生活風味，會樂於靜下心來看一看自己，想一想自己究竟做了些什麼，想一想自己原本最想做些什麼，想一想自己最應該如何去做。只有在安靜的時候，我們才願意摘下面具，才願意看清真正的自己，才會願意回想那些最真實的想法，我們才願意吐露心聲。只有在寂寞的時

候，我們才會想一想自己是否幸福，才會想一想怎樣才是真正的幸福，也許會回味最初的美好生活，會懷念最初的那些純真。只有寂寞的時候，我們才願意超脫那些是是非非，才願意讓自己暫時脫離爾虞我詐，才願意從煩惱和痛苦中解脫出來，才願意暫時遠離浮華喧囂。

有個富翁最近覺得很煩惱，於是就跑到後山上去見慧明禪師，希望得到解脫之法，禪師問他：「你為什麼會覺得煩惱，像你這樣的人，有錢有地位，有一大堆朋友，要是你願意，還可以擁有一個美麗的妻子，難道你覺得自己擁有的還不夠嗎？做人不能那麼貪心。像我這樣一個人居住在這裡，日子多寂寞多清苦啊！難道你覺得日子會比我難過？」

富翁回答說：「我知道，可是我似乎並不那麼快樂，我追求財富，追求地位和權勢，但那些或許並不是我心裡真正想要的東西，這些年，我都不知道自己做了什麼，簡直就像活在渾渾噩噩的夢中一樣。我現在覺得自己的生活越來越陌生了，對自己也越來越陌生了。」

禪師聽後，沒有再說什麼，只是讓富翁先去自己平時打坐修禪的地方靜坐一會，然後就走了。可是一連幾個小時，富翁也沒有等到禪師，他只好下山。第二天，富翁仍然上山去找禪師，可是禪師仍舊是讓他在修禪的地方等，富翁只好再次前往那裡去等，因為禪師遲遲不來，富翁實在覺得沒什麼意思，於是在等的過程中，認認真真地回想了一下自己的生活。

一連幾天，富翁都沒能和禪師說上幾句話，更別說得到什麼指引了。第五天，富翁又上山尋求解脫，這次他央求禪師一定要告訴他解脫的法門。禪師說：「那麼你這幾天是否想通了一些事情？」富翁於是將這些天自己所想的東西一一說出來，禪師笑著說：「看來你已經找到法門了。」富翁有些疑惑，根本不明白禪師說什麼。

禪師說：「這幾天，你一個人安安靜靜地待在那裡冥想，這不就是一種修行嗎？從你剛才的談話，說明你已經了解了生活的真相。可見你缺的不是什麼法門，而是一顆寂寞安定的心，我故意選擇避而不見，就是為了讓你能夠安安靜靜地了解和領悟生活。」富翁聽後恍然大悟，連連拜謝。

人生需要我們切切實實地去掌握，我們應當了解自己的生活，應當及時尋找自我，及時還原自己的人生。其實這種尋求本我的過程很簡單，並不要求我們多做些什麼，也許只是人去樓空的靜坐，也許只是寂寞時的冥想，也許只是午後片刻的沉思，也許只是夜深人靜時的回想。讓一個人靜靜地沉澱，讓一個人靜靜地徜徉，讓一個人靜靜地自我放逐，沒有任何干擾和束縛，沒有任何包袱和負重。生活只需要我們擠出一點時間，只需要我們拿出一點私人空間，只需要我們放下一切讓自己靜一會，任何人就能夠在最寂寞的時空中尋找最真實的自己，就能夠掌握最真實的自我，能夠了解自己的人生。

世界如此喧囂，我們也許應當比它更寂寞。當你學會享受寂寞時，你對生活也就有了全新的認知，對自己有了清晰的了解，對人生有了洞見。人生應當享受片刻的寂寞，而我們也太需要安安靜靜地為自己活一回了。

活著，就要為世界留點什麼

　　身為一個母親，當妳第一次感受到新生命的胎動，那是怎樣的驚喜，身為父親，第一次傾聽到孩子的有力的心跳，那又是怎樣的激動。每個人，都是在父母的驚喜和激動中呱呱墜地，從那一刻開始，一個新的生命便誕生在世上。

　　一個新的生命的誕生，或者另一個生命的枯萎，都是每個人必須經歷的階段，是自己所不能掌握的，而中間這漫長的幾十年，則是自己可以完全掌握的。有的人用這幾十年的時間，歷經風雨終有所成，而有的人卻碌碌無為，毫無建樹。或許到死的那一刻，我們會問自己：這一生，我到底為這個世界留下了什麼呢？

　　「人生在世，不出一番好議論，不留一番好事業，終日飽食暖衣，不所用心，何自別於禽獸。」

　　有個人一生碌碌無為，窮困潦倒。一天夜裡，他實在沒有活下去了勇氣了，就來到一處懸崖邊，準備跳崖自盡。自盡前，他嚎啕大哭，細數自己的種種遭遇和挫折。崖邊上生有一棵低矮的樹，聽到他的種種經歷，也禁不住地流下了眼淚。此人見樹流淚，就問道：「看你流淚，難道你跟我有相似的不幸嗎？」

樹說：我怕是這世界上最苦命的樹了。你看我，生在這岩石的縫隙之間，食無土壤，渴無水源，終年營養不良；環境惡劣，讓我枝幹不得伸展，形貌生得醜陋；根基淺薄，又使我風來欲墜，寒來欲僵。看我似堅強無比，其實我是生不如死呀！」

此人不禁與樹同病相憐，就對樹說：「既然如此，為何還要苟活於世？不如與我一起赴死吧！」

樹說：「我死倒是極其容易，但這崖邊便再無其他樹了，所以不能死呀。」此人不解。樹接著說：「你看到我頭上這個鳥巢了嗎？此巢為兩隻喜鵲所築，一直以來，牠們在這裡棲息生活，繁衍後代。我要是不在了，兩隻喜鵲要怎麼辦呀？」此人聽了，忽有所悟，就從了懸崖邊退了回去。

人生價值包括兩個方面：一是個人對社會的責任和貢獻；二是社會對個人的尊重和滿足。在兩個方面中，個人對社會的責任和貢獻是居於首位的。人生的真正價值在於對社會的貢獻。其實，每個人都不只是為了自己而活著，一個再渺小、再卑賤的人，對於他人來說都是一棵雄偉的樹。

2011 年 10 月 5 日，美國蘋果公司前 CEO、蘋果聯合創始人史蒂夫·賈伯斯因癌症辭世，享年 56 歲。他的離世引起了很大的反響。賈伯斯改變了這個世界，值得我們銘記。在世界上，有三顆蘋果改變了世界，一顆誘惑了夏娃，一顆砸醒了牛頓，還有一顆就握在賈伯斯手中，他有改變世界的第三顆蘋果，其實，他就是蘋果；他是可以跟愛迪生（Thomas Alva Edison）、愛因斯坦相提並論的人，他創造的產品改變了人們的生活；他是一位跟達文西（Leonardo da Vinci）齊名的藝術家；他是一位導師，向我們展示如何改變世界；他是過去一百年全世界最偉大的企業家；他是跟比爾蓋茲（Bill Gates）一樣偉大的時代巨擘；他重新定義了音樂、電影和手機三大市場……

　　賈伯斯曾說過：「對我來說，成為墓地中最富有的人，一點都不重要，對我來說，每天晚上睡覺前可以對自己說，我們做了些了不起的事情」、「人這輩子沒法做太多事情，所以每一件都要做到精彩絕倫」、「我只是想要在宇宙間留一點聲響」。

　　人的一生不在於壽命的長短，而在於你為世界留下了什麼。活著，就是為了改變世界！你可以出身卑微，但必須卓越超群，縱使你將眾叛親離，也注定要從頭再來。最迷人的劇情不是後來居上，而是王者歸來；最偉大的戰局不是頂尖對決，而是獨孤求敗；最完美的謝幕不是急流勇退，而是戛然而止。美人難免遲暮，英雄方能不朽。浪花淘盡，正是好處，卻是了處。

　　不管生活給了你怎樣的磨難，既然活著，就要活得精彩！

迷途知返，切忌放縱自我

　　唐太宗李世民在宰相魏徵死後說道：「人以銅為鏡，可以正衣冠；以史為鏡，可以見興替；以人為鏡，可以知得失；魏徵沒，朕亡一鏡矣。」魏徵就是李世民的一面鏡子。得益於這位忠臣的當面諫言，李世民修正了許多規章制度，制定了正確的治國之道，迎來了國家的空前繁榮，成為歷史上的一代賢君。

　　我們每個人不可能像李世明這樣幸運，能有魏徵這樣的鏡子，但我們可以像曾子那樣「吾日三省吾身：為人謀而不忠乎？與朋友交而不信乎？傳不習乎？」我們可以在每天睡覺前，躺在床上對自己的行為進行自我反省，看看自己哪些事情做對了，哪些還需改進，這樣，很快就會有大的提升。

　　物體經過秤量才能知道它的分量和長度，而一個人，只有透過不斷地自省，才能發現自己的不足，才能不斷了解、改進自己。人只有知其短，才能補其過；只有知其陋，才能補其缺。自省是促使自己獲得繼續進步的動力、不斷提高聰明層次的「知識樹」。

　　狐狸在跨越籬笆時腳滑了一下，所幸抓住一株薔薇才不致摔倒，可是腳卻被薔薇的刺扎傷了，流了許多血。受傷的狐狸就埋怨薔薇說：「你太

不應該了，我是向你求救，你怎麼反而傷害我呢？」薔薇回答道：「狐狸啊！你錯了，我的本性就帶刺，你自己不小心，才被我刺到的啊！」

現實生活中，很多人像狐狸一樣，明明是自己的錯，卻偏偏不反躬自省，而是抱怨別人，抱怨社會；有些人常常避開自省，藏匿自己的過失、遮遮掩掩，不願反省；有些人反省時避重就輕、避多就少，隔靴搔癢，說些不痛不癢的話，沒有充分地反省；更有些人把反省當例行公事，把所有人拖下水，講些冠冕堂皇的話草草了事。究其原因，是因為沒有勇氣去正視自己的過失和錯誤。有的人總覺得自己是正確的，認為絲毫沒有反省的必要。更有甚者，怕對自己所謂的「自尊」帶來傷害，即使心有所想，也不願面對。以此態度來反省自己，於己於公、對人對事都是十分不利的。

自省不僅是單純的自我批判，而是一種智慧總結。逆境時要自省，順境時更要自省。當自己得到滿堂喝采的時候應及時反省自己的錯誤，梳理自己的言行，從而找到前進的方向。早在兩千多年以前，儒家經典中便有「吾日三省吾身」的格言。在自省中，可以總結經驗，記取教訓；在自省中，可以總結過去，規劃未來；在自省中，可以汲取智慧，運籌帷幄，決勝千里。

有個強盜搶劫了一大筆的錢財，準備逃跑，可是匆忙中迷失了方向，來到了一個陌生的地方。正當他不知所措的時候，看見有個老和尚在一棵樹下打坐，於是上前問路。老和尚見來人滿臉殺氣，知道他肯定不是什麼好人，於是看了他一眼，坐在那裡一動不動。

強盜大喊：「你這個老和尚真是不知好歹，我這般客客氣氣地問你，已經算是你的造化了，莫非要讓我拔刀說話？」

老和尚睜開眼睛，笑著說：「我剛才想路，可是想不出來這地方有什麼路，我勸你不妨在這裡止步，返回去尋找另外一條路吧！」

強盜往四周看了看，正好前面就有一條路有路，於是生氣地說：「前面明明有路，你這個老和尚怎麼告訴我說沒路呢？」

老和尚搖搖頭說：「出家人不打誑語，你所見的是路，在我看來卻不是，至多也是一條錯路，而一個人若是走了錯路，那麼有路和無路豈不是毫無分別？」

強盜不理會老和尚的話，自顧自朝前面的路上走去。卻沒想到只走了幾十步便進入了一片荊棘叢中，周圍都是半個人高的荊棘，在強盜的腿上割了好多傷口，鮮血直流。強盜嚇得趕緊向老和尚求救

「老師父，都說出家人為懷，你趕緊想辦法救救我呀！」

老和尚回應說：「我是無能為力呀！」

強盜聽了就急了，大聲哀求：「你可以想個辦法找東西劈開這些荊棘啊！你都沒辦法，那我怎麼出得來呀？」

老和尚回答說：「你為什麼不按照原路退回來呢？這樣不就可以解脫了。」強盜一聽覺得有道理，然後就一步步往後退，結果費了很長一段時間才退了出來，可是那些金銀財寶卻全部掉在荊棘叢裡了。他覺得很可惜，還想要衝進去去取出來，老和尚攔住他說：「明知道走錯了還要往前走，這樣不是害了自己嗎？不如趁早回頭。」強盜聽了知道老和尚另有所指，慚愧不已，於是丟掉了手中的刀，決定跟著老師父修佛。

人生需要解脫，但佛說解脫本身就是一種痛苦，意味著你將忍受寂寞和孤獨，意味著你將忍受清苦單調的生活，意味著你將忍受沒有欲念的平凡日子。但是解脫也是一次艱難的歷練，是一次蛻變的過程，像蟬的蛻殼，像蠶的破繭，沒有定心，沒有勇氣，沒有一番苦痛的掙扎，又怎麼能夠安然完成解脫呢？如果我們深陷迷途，那麼應該及時收縛心性，應該及

時控制自己，就像修佛一樣，修佛之人如果做不到心如止水，那麼悟性再高，無法領悟佛的精髓。有時候，我們真該抖落身上的浮塵，真該走出喧囂的世界，真該靜下心來看看自己走過的路，真該好好想想自己的人生，我們究竟是怎樣生活的，又是究竟怎樣面對生活的，我們應該停下來為自己的人生再做一次選擇，應該停下來為自己重新設定幸福的標準。

我們應該為自己的生活負責，為自己的人生負責，應該讓自己的生活過得更有意義。當你放縱自己時，你的幸福也就會逃走，所以生活需要克制，需要約束，需要超脫，需要放下，需要及時更正和回歸本性。哪怕幸福來得再猛烈，哪怕生活過得再快樂，你也要冷卻一下自己的熱情，也要記得為人生的袋子上打一個小小的結。

第十章

重視當下的因緣，過不後悔的生活

珍視你所擁有的，遺忘你所沒有的

佛說每個人的眼睛裡都有迷障，總是捨近求遠。事實確實如此。

有個年輕人備嘗世間苦楚，覺得生活沒有一點幸福可言，於是決定出家為僧。他找到了一位修為很高的老禪師，希望能夠跟隨老禪師學佛。老禪師問道：「你是否真的看透了？」年輕人回答說：「我覺得只有修佛才能讓我快樂起來，才能讓我脫離煩惱。」看見這個人誠心向佛，老禪師便答應了他的請求。可是老禪師修行的是枯禪，生活非常清苦，過了一段時間，年輕人實在難以承受這種苦日子，便對老禪師說：「我想學習其他的佛法，這枯禪不適合我。」

老禪師笑著說：「各人原本就修各人的佛，你當然有權利選擇自己的修行方式。」年輕人於是選擇了戒律較輕，管束不嚴的佛法修行。可是一段時間之後，年輕人覺得這種生活還是很苦，自己沒辦法堅持下去了。而且這時他才覺得自己原來的生活是多麼幸福快樂，完全沒有現在這樣的不自在。

老禪師看他悶悶不樂，於是勸他還俗。老禪師說：「你原本就是塵世中的人，終究還是回到塵世中為好。你心中既然沒有佛，那為什麼非要修佛呢？你沒有從自己的生活中去尋找快樂，而設法從佛法中去尋，這本身就是緣木求魚。」年輕人聽了，終於決定還俗回到原來的生活。

作家愛默生（Ralph Waldo Emerson）說：「得不到的東西時時占據我們的想像力，所以它永遠都比擁有的東西更有誘惑力。」在生活中，我們總是認為得不到的東西才是最好的，總是羨慕別人的東西比自己的東西要好，所以我們目光一直追尋著那些得不到的，或者是別人的東西，而忽略了我們本來已擁有的幸福。雖然偶爾我們也會安慰式地鼓勵自己「我和別人一樣幸福！」但這種鼓勵過不了多久，就會在與別人的再次對比中逐漸消失。

不要去羨慕那些沒有的東西，你所謂的不幸福，在別人的眼裡或許恰恰是幸福，每個人的幸福都是等價的，不會因為地位的高低、因為貧富的差距而產生等級上的差異。只有真正握在自己手裡的幸福才是真正的幸福，你羨慕別人的空中樓閣，卻不知自己的草屋也是不遑多讓；你羨慕別人喝咖啡時的情趣，卻不知飲一杯清茶也是一種詩意；你渴望像別人一樣高高在上，能夠體會一覽眾山小的快感，卻不知在半山腰所欣賞到的美景也是別有一番風味。

不要過度貶低自己的幸福，不要為那些不屬於自己的東西執著，更不要去羨慕那些缺失的東西，得不到的東西未必永遠都那麼迷人。每個人都要為自己的人生而活，要為自己的幸福而奮鬥，不要去羨慕別人花園裡的花，也不要試圖從別人的腳印裡走出自己的人生。其實，生活所能給你的幸福已經足夠，只要你善於去發現，只要你善於去體會，只要你能夠及時把握，那麼你一定可以比任何人都活得開心愉悅。

大樹嘲笑小草太矮，於是故意說道：「可憐的傢伙，你在下面難道不傷心寂寞嗎？難道不想像我一樣長得這麼高大？你知道我天天都能看見什麼嗎？遠處的河流、山脈、牧羊人、房子，還有……」

241

面對大樹的刺激和炫耀，小草並沒有動怒，反而微微一笑說：「我站在這裡，雖然長得不高，看得不遠，可是我一樣可以得到陽光雨露的滋潤，一樣可以吸取大地的營養，一樣可以享受美好的星夜。對了，我還可以幸福地貼在地面小睡。我看不見河流或者牧羊人，這根本沒什麼關係，我只享受自己擁有的一切，這就足夠了。」

慧遠禪師說：「佛就是開啟你的手心，看看你抓住了什麼。」幸福也是如此，有一天，我們也需要開啟自己的手心，看看自己抓住了什麼，看看我們能夠抓住什麼，看看我們擁有的是什麼。每個人都注定會是幸福的，只不過太多的人忽視了自己身邊的東西，而把目光放在別人的身上，把眼光放在那些不屬於自己的東西上面，我們應該將焦點放在自己的生活上，應該從自己身上尋找幸福。

我們有家庭，有事業，有理想，並能夠從中感受到溫暖和快樂，能夠從中得到滿足，既然如此，我們還有什麼值得遺憾和羨慕的呢？我們還有什麼人生的缺失呢？電影中有這樣一段經典的對白：「曾經有一份真誠的愛情擺放在我的面前，我沒有珍惜，等到失去之後，我才後悔莫及，人世間最痛苦的事莫過於此……。」我們不要等到錯過了才去想起那些曾經的美好，幸福就在眼前，就在你身邊，只要睜開眼，張開雙手，幸福就會與你擁抱。從現在開始，從當下開始，要學會去珍惜你的愛人，你的親人，你的朋友，珍惜你身邊所有人，珍惜你所擁有的一切，珍惜生活安排的這段緣分，這樣才不辜負生活對你的期待，才不負生活的賜予，才不會為明天留下缺憾。

把精彩留給現在，活在當下最重要

　　米蘭‧昆德拉（Milan Kundera）說：「因為生命只有一次，我們既不能把它與以前的生活相比較，也無法使其完美之後再來度過。」有一位哲人也曾這樣說過：「逝去的和未知的是『不存在』的東西，而『可能存在』的和『存在過』的東西就是現在。」這兩句話，告訴我們的是同一個道理：生命只有一次，我們不能輕易浪費，而昨天已經過去，明天還未來到，我們能抓住的，就是今天，就是此刻，所以我們要把精彩留給現在，活在當下。

　　上天對每個人其實都是公平的，當祂關上一扇門的時候，必然會開啟一扇窗戶，所以每個人面對的機會、時間都是相同，不同的是，有的人聰明地好好利用了時間，從而使得這有限的時間相對延長。我們是很平等的，每個人的時間都是相同的。而有的人，卻總是習慣於將今天的生活和工作推向遙遠的、不可知的未來，什麼事都要等明天去做，卻殊不知如果一個人連當下都抓不住，都無法好好活著，那麼明天、未來他也不可能好好活著，因為無數個明天、未來也會是當下。

　　一個迷茫的青年到深山中尋訪一位禪師，想讓禪師給他一些開示。

　　「大師，在人的一輩子當中，哪一天是最可貴的？是呱呱墜地的那一

天？還是心跳停止的那一天？是感受青澀初戀的那一天？還是成就事業的那一天？」

「這些都不是最可貴的，生命最可貴的就是當下。」

「大師為何這樣說？」青年感到十分奇怪，「難道今天發生了什麼大事？」

「今天一切都很平靜，什麼事也沒發生。」禪師回答。

「那我的來訪是否很重要？」青年又問。

「即使今天沒有一位施主來寺中拜訪，今天仍然是可貴的，因為今天是我們最可貴的財富。不管昨天有多麼值得懷念和讓人惆悵，它已逝去了，而且再也不會回來了；明天不論有多麼光彩奪目，它還沒有到來；而今天不管有多麼平庸、多麼無所事事，它都在我們手掌之中，任由我們支配。」禪師頓了頓，又接著說：「我們在探討今天是多麼可貴和重要的時候，就已經開始浪費和消耗我們的『今天』了。」

青年聽了禪師的話，恍然大悟，他相信自己的人生再也不會迷茫了。

我經常聽見有人說「從明天開始我要減肥」、「從明天開始我要好好工作」、「從明天開始我要好好孝敬父母」……我不明白，為什麼這些決定都是從明天開始，而不是從現在就開始，難道明天會和現在有什麼不同嗎？明天太陽會從西邊出來嗎？哦，不，不是這樣的，昨天的時候，你就在說明天要怎麼樣，今天了，你還在說明天要怎麼樣。在你的心裡，明天只是你拖延時間的藉口而已，就像劉備借荊州一樣，永遠是「今天借了明天還」。

可是你不知道，人生看似有無數個明天，但明天同樣會變成今天，在無數個明天之後，你的生命就會走到盡頭，那時候，你還是否看得見明天的太陽，這一切，就都成了未知數。那時候，你是否會為自己碌碌無為而

後悔，是否會為自己的人生沒有留下任何精彩而後悔，是否會為那永遠的「明天再說」而後悔？

有個秀才因為進京考試落榜而鬱鬱寡歡，所以他決定暫時先不回去，而是到山間去散散心。有一天，秀才來到一座寺廟裡，看見一個小和尚坐在蒲團上念佛誦經。小和尚專注的神情令他不忍打擾，他於是在寺廟周圍欣賞風景。

幾個小時之後，天色漸漸暗下來，秀才看四周沒有人家可借宿，於是就想在寺廟裡住一段時間，就轉身走回寺廟。

他一進廟門，就發現小和尚依然坐在蒲團上誦經，一動也不動。

秀才非常好奇，於是上前問到：「小師父，我都見你在這裡坐了一天了，難道不累嗎？」小和尚連忙起身回禮，回答說：「對出家人而言，修行就是生活，與日常的吃穿住行無異，吃穿住行都不會嫌累，在這打坐參禪自然也不會累的。」

「那你每天都是這樣嗎？」

「是的。」

「你為什麼要這樣呢？修佛不是一朝一夕的事情，你慢慢地修行不是更好嗎？你剛才也說，就像吃穿住行一樣，每天都去做不就行了。」

「世人明知吃穿住行是每天必須要做的事，可是卻往往不肯好好去做，不好好吃，不好好睡，不好好穿，不好好行。其實修佛就是修自己的福，明天自然可以修，但是今天的福氣今天修不是更好嗎？修佛之人修的是現世佛，而不是來世。今天你不好好去修，明天又怎麼會知道自己有沒有佛緣呢？」秀才聽了，不禁為小和尚的修為而敬佩，同時也暗暗下決心要向小和尚學習。

　　人生就和修佛一樣，今天不好好修，永遠也不知道自己有沒有佛緣。就如同你愛上了一個人，但不知道他是否也喜歡你，如果你不去問，就永遠也不知道答案，就有可能錯過這個你愛的人。就如同你想獲得老闆的認可，職位得到晉升，拿到更高的薪水，但如果你做事總是拖拖拉拉，今天的事永遠要等到明天去做，老闆怎麼會看到你的工作能力，說不定你可能就是下一個被裁員的人。

　　生活所能賜予的我們的一切，都在當下，都在這一時，這一刻，那你為什麼不享受當下，為什麼不抓住當下呢？想要活好，那麼就要活好現在，就要創造當下的精彩，那就要讓當下的每一分每一秒都過得充實，讓每一個生活片段都成為永恆。

　　活在當下就是要我們不僅要抓住當下的時機，也要懂得珍惜當下的幸福，當下的親人、朋友，珍惜與他們在一起的每一分、每一秒，珍惜與他們的每一個笑容，每一個開心的瞬間。幸福等不起，也拖延不起，現在能有機會抓住，就一定要努力去把握。很多時候，我們抱怨沒有幸福來光顧自己，然而事實上呢？幸福一直在我們身邊徘徊，只不過當幸福來敲門時，你沒有及時開門迎接。生活從來沒有將你遺忘，只是你沒能把握機會而已。

　　有個詩人患了重病，只剩下幾個月的時間了，可是他卻始終保持著樂觀的精神。他在自己的日記本上這樣寫道：「我的幸福在來世？不，它就在今天，就在現在，我要出去散散步，我要出去抓一些蟲子，我還可以看別人釣釣魚，或者騎一騎牛，這些美好的東西，我為什麼非要等到下一世才去享受呢？生命中那些最美好的東西，那些最精彩的時刻，我應該將它們留在現在。」

　　生活就應該這樣，只有認真過好每一天，只有讓當下每一天都精彩充實，我們才不會有任何遺憾，才不會錯失生活留給我們的每一個幸福。我們不僅要活在當下，更應該精彩地活在當下。

該吃就吃，該睡就睡，有事不放在心裡

　　隨著年齡的增長、社會關係的複雜化，我們會覺得肩上的擔子越來越重，各式各樣的煩惱也隨之而來，無論是感情還是事業，似乎都被千斤重的巨石壓得喘不過氣來，就好像掉入了「傷心太平洋」中，無法自拔，更無法自救。

　　肩上的擔子重了，是因為我們知道自己所肩負的責任多了，可是如果我們只知道一味地將所有壓力壓在心裡，而不懂得為自己解壓，那麼，總有一天，這些壓力終會將你壓垮，壓死駱駝的就是那最後一根稻草而已。我們之所以哭著來到這個世界上，難道就是因為知道自己這一生將背負眾多的壓力與苦難，知道自己就是為了受苦而來？不是的，你之所以感到苦，感到累，是因為想得太多，想得到的太多，就像一句俗語所說：世上本無事，庸人自擾之。

　　有事情，可以及時解決，真的解決不了的，也沒必要一直放在心上，過多地去思考。沒事也便有了事。

　　有一個女孩，深深愛戀著自己心目中的「大英雄」，其實，所謂的「大英雄」不過是學校中的一個小混混而已。然而正是這樣一個小混混，卻讓品學兼優的女孩動心不已。

但男孩兒的身邊總是有著不同的、打扮得花枝招展的女生，而女孩生性靦腆，連跟男孩子說句話都臉紅，就更不可能接近心儀的男孩。就這樣，女孩默默地等待著，幻想著或許有一天能與男孩一起，攬著他的腰，坐在他的單車後面，裙擺飛揚。她的日記裡，寫滿關於男孩的一舉一動，她的心裡呼喚的都是男孩的名字。但這一切，男孩是聽不到的，他甚至沒有正眼看過女孩。

就這樣，女孩苦苦地等待了八年。在這八年之中，女孩終日以淚洗面，與外界隔絕，不再有追求者，不再有異性朋友，也再看不到女孩與同學歡快嬉戲的背影，有的只是那張充滿憂愁的娃娃臉，和過早出現的縷縷白髮。

終於，女孩不願再傻傻地等待，因為青春已逝，與她年紀相仿的人，早已步入了婚姻殿堂，或已為人父母。

她找到男孩，想向他表白自己的心意，然後永遠留在男孩的身邊。但男孩的身邊已經有了一個小鳥依人的女孩，再過幾天，他們就要結婚了。女孩沉默了，她向男孩送上了誠摯的祝福，而她的心裡，卻在流血，自己的苦苦等待為何會變成這樣的結果，如果自己早點向男孩表明心意，不管他是拒絕還是答應，現在的結果絕不是這樣的！原來，不是淚水找上自己，而是自己一直在拚命尋找流淚的方法。

人生能有幾個如花的八年，女孩卻將這最美好的八年花在等待上，換來的只有男孩依舊的冷漠與不注意，如果女孩兒利用這八年的時間轟轟烈烈地談場戀愛，或是學業有成、事業有成，相信她的人生將會是另一份精彩。其實，我們大多數人跟這個女孩也差不了多少，每天習慣將雞毛蒜皮

的小事當成大事來處理，將簡單的事情複雜化，「殺雞用牛刀」的法則時不時地在我們的身上上演，所以我們總是感嘆「活著好累」，殊不知是我們自己為自己套上了枷鎖，從而使自己終日處於疲憊不堪的狀態。

突然想起了一個笑話，說的是有一位男子救了一個落水的兒童，電視臺的記者去採訪他，問他救孩子的時候心裡想的是什麼，男子說我心裡什麼都沒想，只想著救人。記者不甘心，追著他問：「難道你當時沒有想過那些歷史英雄的事蹟？」男子回答：「我要是想著那些，那孩子早就死了。」

在日常生活中，別人只不過是隨意地一顰一笑，而我們卻非要去分析其內在含義，認為其有所引申，弄得自己身心俱疲，與周圍之人的關係也變得愈加複雜，心中裝滿了是是非非，再笑不出來，再輕鬆不得。

當煩悶的增加速度比我們解決問題的速度快的時候，我們就會選擇逃避，選擇置之不理。有些人，總是抓住一件事情的一角不放，也就是我們平時所說的「鑽牛角尖」，他們會將苦悶之事放大，而或酗酒，冠冕堂皇地說「借酒消愁」，豈不知，愁沒有消，反而更多了些煩惱。

生活中，還有一些人，容易因旁人對自己的評價傷心、難過，甚至憤怒，其實這樣做是非常不值得的，因為很多時候，為了一句話傷心難過、情緒不佳實在不值得，更何況有時候別人所批評指責的問題確實存在我們身上，我們可以在批評指責聲中成長、強大。

有人會說：「有的人就是雞蛋裡挑骨頭，背後中傷人。」對於這種事，我們更應坦然，如果因為這些無知、無理取鬧的人動心傷情，實在不值得，因為我們不是活給他們看的，也不是活在他們眼中的，我們的人生是活給自己看的。

　　面對外界的流言蜚語，我們只需保持良好的心態，把握好當前的機遇與挑戰，在工作和學習上奮勇前進，過好我們自己的生活，不去理會外界的干擾，那些人自然會自感無趣，就會把嘴巴閉緊。

　　我們所做的每一件事，最應該要對得起的就是我們自己，先對得起自己，而後才能談及對得起周圍的人，重視當下重要的事情，放棄那些無謂的爭執、無謂的傷心和無謂的擔心。

　　把心放寬一點，把枕頭放平一點，你才能睡得踏實、睡得舒服，才能提起飲食之慾，才能精力充沛地投入到工作和生活之中，有個不後悔的人生！

愛即孝，對父母最好的孝道是關愛

從小我們就知道，要尊敬和孝順自己的父母，因為是父母給予了我們生命，養育我們長大。那麼，什麼是孝順，怎樣做才叫孝順呢？有人說要為父母買很多禮物，要讓他們衣食無憂；還有人說對父母要注重生活的禮節，早晚向父母問好，經常回家看看父母……這些，都是孝順的表現，而最基本，最重要的就是要愛父母，將父母的一切都放在心上。

現代人生活壓力大，不得不努力工作，才能養家餬口，那麼，你有沒有每天抽一點時間來關心自己的父母，他們的身體是否健康，他們的血壓有沒有穩定，風溼的老毛病有沒有犯等等。你是否為自己不能陪伴在他們身邊而感到愧疚？是否經常記得打個電話給他們，聊聊家常？是否過年過節時放棄出遊的機會，安心地陪在父母身邊？是否為父母泡過茶，揉過肩膀？這些，都是很平常的小事，就像父母當年為我們做的那樣，可是，你都做了嗎？

有時候，一句簡單的問候，一個不經意的微笑，都會讓父母覺得愉快。比如「最近身體好嗎」、「天冷了，要多穿點衣服」、「買給你的保健品要記得吃」……這些普普通通的話，你的父母可能對你說了一輩子，而你這輩子對父母說了幾回呢？你還有機會說多少回？其實只是簡簡單單的

　　一句話，甚至不用花費多少時間和精力，你的父母就能從中得到欣慰和快樂，這對你來說輕而易舉。可是有幾個人會想起這些，有幾個人會在乎這些？當我們在浮躁喧囂中背負悲傷沉重的生活負擔時，恰巧丟掉了為人子女最應該具備的責任心和愛心。

　　關愛不是口頭的表述，需要你付出真心和時間。我們總是覺得老人家吃飽穿暖就是幸福，總是覺得自己出人頭地就是回報，覺得把錢按時交給父母就是孝順。或許你每年都給父母許多錢，你為他們創造了最好的生活條件，替他們買了最好的保險，在物質上從來沒有虧待自己的父母。可是這些是你父母真正想要的嗎？他們想要的其實只是你十分鐘的陪伴。你可以每天在電話中和客戶、朋友、另一半聊上幾個小時，可是是否為父母留出了一分鐘的通話時間？你整天飛南飛北，跑東跑西，忙得不可開交，但當飛機經過你的家鄉時，你是否低頭看過一眼，或許那棵樹下等待的影子雖小，但卻是你最熟悉的身影？你晚上忙著和朋友花天酒地，週末忙著和情人花前月下，卻沒空抽半天的時間回家看看父母。你把所有的時間和精力留給了客戶，留給了公司，留給了花天酒地的朋友，留給了浪漫多情的情人，留給了活潑可愛的孩子，可是你的父母呢？你是否想起過他們，是否想起過他們其實也需要你的陪伴和照顧？

　　有個僧人跟著師父到處宣揚佛法，救度世人，結果十年都沒有回家。師父勸他回家一趟看看年老的母親，在母親身邊待一年，盡盡孝道。僧人卻拒絕了：「我既然已經出家了，也就無所謂回不回家。世界上有很多需要我去救助的人，我怎麼能夠為了一己之私而棄他們於不顧呢？我不能因為愛自己的母親而拋棄對眾生的愛。」師父聽了連連搖頭，責備弟子說：「佛的家雖在大千世界，但是沒有小家的概念，何來大家？都說佛愛

眾生，可是如果你連自己的父母都不愛，又拿什麼去愛眾生呢？」僧人聽了，羞愧不已，於是立刻回家侍奉母親。

為了工作，為了生存，我們四處奔波，經常廢寢忘食，更不用說遠在千里之外的父母。古人說：「父母在，不遠遊。」一方面是因為兒行千里母擔憂，讓父母為自己憂心這就是不孝。其次，不能時時陪在父母身邊侍奉，這也是不孝。我們擁有遠大的夢想，這是值得肯定的，但我們不能讓父母成為我們雄心壯志的犧牲品！我們不能讓已經步履蹣跚、滿頭白髮的父母獨守空巢！不能讓已經雙眼昏花的父母偷偷流淚，不能讓父母等待的身影定格為老樹下的一幅畫。工作沒了可以再找，但父母的生命永遠經不起漫長的等待！其實，我們能給予父母最大的孝順就是多陪他們聊聊家常，多陪他們去公園散散步，或者坐在一起，看看過去的照片，一起回憶那些美好的往事。是的，我們還有很多工作要做，有很多夢想還未完成，有很多甜蜜的愛情還未享受，我們恨不得將每一分鐘的時間掰成兩半來用，可是父母需要的，只是你喝一杯茶的時間，吃一支冰淇淋的時間，這，就足夠了！

有個男子母親去世了，於是痛苦自責不已，因為他這幾年在外面奔波忙碌，一直沒有時間陪伴母親，所以他覺得自己實在是非常不孝。母親逝世後，他跪在墳前哭了一天一夜，無論別人怎麼勸說他都不起身，甚至有幾次都昏厥了過去，大家都很擔心他。

這時候有個做法事的老和尚走上前問他：「你是否很愛自己的母親？」男子哭著點了點頭，然後又開始自責起來：「如果我當初不出去闖蕩，安安心心陪在母親的身邊，她或許可以得到更多快樂。」

老和尚接著問：「那麼你現在準備怎麼辦，人都走了，你還能怎樣？」

　　男子撲倒在墳堆上，狠狠捶打著自己的胸膛：「我真該讓自己陪著她一起走，這樣也好贖罪。」

　　老和尚聽了連連搖頭，問他：「你家中還有什麼人？」男子回答說家中還有一個老父親，如今也已經是高齡了。老和尚說道：「那你就真的是個不孝子了。」

　　男子看了看老和尚，不明白他的話是什麼意思。老和尚訓斥道：「既然你覺得自己沒有在母親生前盡孝道，那麼現在為什麼不振作起來，回家好好陪著父親，難道你想重蹈覆轍嗎？」男子聽了不禁一愣，老和尚接著說：「年輕人，你不要總是等到失去之後才想起後悔，想起珍惜，為什麼不趁著擁有的時候好好珍惜呢？」男子頓時醒悟過來，連連向老和尚道謝，回家去了。

　　小時候，我們總是說長大後要如何孝敬自己的父母，為父母買多少好東西，但等我們真正長大後，小時候的誓言能實現多少呢？等我們醒悟過來時，父母早已經離我們遠去，子欲養而親不待，這是多麼的悲哀！所以當父母健在的時候，我們就要珍惜和父母在一起的每一分鐘，竭盡全力奉獻我們的愛，讓父母在餘生中的每一天都能夠開開心心快快樂樂。

學會為你身邊的人著想

當你失意的時候，總是希望身邊有人來安慰自己；當你遇到困難的時候，總是渴望得到別人的幫助；當你寂寞的時候，總是期待有人可以陪你聊聊天。可是你知不知道你身邊的人，在他們失意的時候，你有沒有送上你的安慰與祝福；在他們遇到困難的時候，你有沒有伸出援手；在他們寂寞的時候，你有沒有過去陪伴。付出與回報總是相輔相成的，你想要回報，就必須要有付出。所以，在別人需要你的時候，你應該第一時間伸出自己的雙手。在日常生活中，除了愛自己，你更應該將自己的愛分大部分出來，來關心、愛護你身邊的家人、親戚、朋友、鄰居……

有個老禪師非常喜歡養花，每隔幾天就在門外種上一些花花草草，可是除了日常的打理以外，他根本沒時間去觀賞。弟子們非常好奇，於是就問道：「師父，為什麼你養了那麼多的花，可是自己卻從來不認真去欣賞一下？」老禪師微微一笑說：「其實我種花養花並不是為了自己欣賞，而是為了讓別人欣賞，你們看，現在這裡是不是熱鬧多了？」

很多時候，我們都喜歡孤芳自賞，喜歡將美好的東西留給自己，什麼事情都只為自己考慮，根本不考慮別人的感受，我們的眼裡只有自己，覺得這個世界就是圍繞著自己轉的，覺得自己就是舞臺的焦點，可是你如果

不為別人著想，誰還會圍著你轉，誰還會願意做你生命中的配角，願意陪襯你的成功，願意分擔你的落寞？所以，如果你是一朵美豔的花，就不要忘記腳下扎根的土地，不要忘記身邊陪伴的小草，不要忘記耳邊拂過的風，不要忘記時時滋潤的陽光雨露。沒有他們的陪伴，再優良的種子也開不出嬌豔的花朵。佛說：「你要善待今生圍繞在身邊的人，因為他們前世都是為你許願的人，今生來到你身邊幫你完成心願。」你的父母、情人、兄弟、朋友、鄰居、同事，他們都是你生命中為你默默許願的人，正是由於他們的存在，你的人生才不至於太空虛、太寂寞，是他們為你遮風擋雨，才幫你撐起了人生的一片晴天。

有一對戀人非常相愛，可是因為觸犯了天條，被玉帝責罰十世不得轉世投胎為人，女子只能投胎為花朵，男子只能投胎為蜘蛛。

佛祖被兩個人的愛情所打動，便將他們安排在了同一個屋簷下。

於是投胎為花朵的女孩每天都看見一隻髒兮兮的蜘蛛從她的身旁經過，要不然那隻蜘蛛就待在橫梁上，她一抬頭，就看見蜘蛛在緊緊地盯著她，生怕她跑掉似的。女孩最討厭的就是蜘蛛，對這隻與自己在同一個屋簷下的蜘蛛也沒有好臉色。但不管她怎麼樣，每一次轉世，與她在同一個屋簷下的都是那隻她最討厭的蜘蛛。

十世之後，女孩終於得以轉世成人，她想做的第一件事就是尋找十世以前的男子，和他再續前緣。她找到佛祖，請求道：「我現在轉世成人了，可是心裡一直沒有放下十世前的感情，這幾百年來我都在等待能延續這段緣分，希望佛祖您能夠指點我，告訴我所愛的人如今究竟在何處？」佛祖的回答，卻讓她大吃一驚：「我因為同情你們，所以讓他這些年一直待在妳身邊，他就是那隻痴情的蜘蛛，不過很可惜妳從沒有理會過他，如今你

們的緣分已經斷了。」女孩這才明白，其實前世所愛之人原來一直都在自己身邊默默守護著，自己卻始終視若無睹，後悔不已。

「如果下輩子我還記得你，我們死也要在一起」，可是如果我們都喝了孟婆湯，上輩子的事就會忘得乾乾淨淨，所以我們要做的，就是好好珍惜這一生，好好珍惜這一生陪伴在你身邊的每一個人。珍惜你們在一起的每一天、每一刻、每一次感動、每一次關懷、每一份幸福與快樂。

珍惜他們並不是為他們捨棄自己的生命，或者為他們做一番感天動地的大事，而是從生活的一點每一滴中，表達的你的愛，你的珍惜。你想要說的話，想要做的事，都要經過慎重的考慮，不要太意氣用事，不要一意孤行，多想想他人的感受，你的行為可能會為他們帶來什麼困擾，你的行為可能會造成什麼樣的影響，這些都必須認真考慮。不要等到身邊的人一個個離你而去時，才想起要對自己身邊的人好一些。

學會愛自己，因為沒有人會替你代辦

生活中，我們總會遭遇許多挫折和傷害，這時，我們渴望有人來關懷自己，渴望有人來溫暖自己的心靈。可是，別人的關懷再多，語言再溫暖，你還是需要去面對所有的挫折和傷害，能否走出谷底，能否重展笑顏，最重要的是在於你，而不是別人。所以，你就要學會自己愛自己，如果自己都無法愛自己，那我們還怎麼能奢望別人會愛你呢？

一個人生活日漸陷入困境。有一天，他向佛祖抱怨自己目前的處境，希望能夠得到一些幫助。佛祖讓他說一個他值得幫助的理由，這個人悲傷地說：「我破產了，現在一無所有。」佛祖聽了搖搖頭，什麼話也不說。這個人又哭著說：「你看，我的雙腿殘廢了。」佛祖依然搖搖頭。這個人的哭聲更大了：「我已經好幾天沒吃到熱飯了，而身邊根本就沒有人關心過我。」佛祖聽了，還是搖搖頭，而且閉上了眼睛。

看到佛祖對自己不理不睬，這個人有些憤怒了，於是質問佛祖為什麼無動於衷，佛祖反問說：「你現在不是還活著嗎？為什麼不自己想辦法活得開心一點呢？既然沒有人愛你，那你為什麼不多愛自己一些呢？」但這個人並沒有領悟佛祖的話，他自言自語道：「現在看來沒有人真正愛我了，那我活著又有什麼用呢？」佛祖便說：「既然活著都已經沒用了，我也沒有幫忙的必要了。」

看到這個故事，我不禁想起了魯迅筆下的祥林嫂，她見了人就訴說自己是如何的不幸，剛開始還有人同情她，安慰她，後來她說得多了，就慢慢沒有人理她了。並不是人們沒有同情心，而是沒有人願意幫助自暴自棄的人，沒有人會願意去扶起那些跌倒在泥裡不願起身的人，沒有人會一而再再而三地拯救那些自甘墮落的人。你不愛惜自己，不珍惜自己擁有的一切，那麼別人也就不會珍惜。只有愛自己的人，才值得別人去愛，只有懂的自救的人，別人才願意伸出援手來幫助他得到解脫。

輕視自己人生的人實際上是對生命的一種踐踏，是對自己幸福的一種侮辱，是一種不負責任的展現。生活原本就有很多的煩惱，而生命又如此脆弱，人生又如此短促，那麼我們為什麼不對自己好一點呢？為什麼不開開心心地過好每一天呢？為什麼還要對自己表現出不在乎和無所謂的姿態呢？我們的身體是自己的，我們夢想是自己的，我們的生活是自己的，這些都需要我們自己去做，自己去完成，只有把自己照顧好了，只有讓自己感受到快樂了，我們的幸福生活才能延續下去。

有個苦行僧四處雲遊，經常滴水不進，佛陀問他為什麼不顧及自己的身體呢。苦行僧回答說：「身體是空的，是外相之物。我本著濟世之心去傳播佛法，何必為自己的身體勞神費心呢！」佛陀搖搖頭說：「出家人既然愛的是眾生，那麼自己也是眾生之人，為何不去愛惜呢？而且你連自己都不愛，怎麼還能夠去愛別人呢？你連自己都愛不好，又拿什麼去好好愛別人呢？」

可見，和尚雖然超脫紅塵，但是身體仍然還是需要顧及的，仍然還是應該愛惜自己。布袋和尚當年出遊時常常大吃大喝，很多人都嘲笑他是個酒肉和尚，是個只知道吃的假和尚，布袋和尚並不生氣，而是回應

說：「如果我不吃好喝好，不照顧好自己的身體，難不成你會替我去講佛嗎？」

我們常說：「我願意為別人付出一切，願意為所愛的人做任何事情。」可是付出的同時應該先照顧好自己，否則你的愛依然是狹隘自私的。如果是以消耗和傷害自己為前提，那麼你的愛究竟能夠延續多久呢？你的真誠能夠為別人帶來多少歡樂呢？有一天當你無力去延續這份愛時，不但你自己會感到遺憾，那些你身邊的人，你所愛的人、你所在乎的人，以及那些愛你的人、在乎你的人，他們也會為你感到悲傷。

或許你有過躺在病榻上臥床不起的經歷，這個時候，你想的最多的是什麼，最牽掛的是什麼？看著女兒站在凳子上也構不到瓦斯爐，看到另一半東奔西走一臉的疲憊，你是否會暗自內疚？想著因為你生病了，那個一直是你負責的專案沒人接手，公司就要蒙受較大的損失，你是否暗自心焦？因為你的身體，你錯過了一次良好的升遷或者學習機會，因為你的身體，你無法陪伴父母、孩子去公園散步、玩樂，因為你的身體，家裡再也聽不到開心的笑聲。這個時候，你是否會後悔？後悔為何不自己照顧好自己，不但自己受到傷害，你的愛人，孩子、父母、公司等也因此受到傷害。

你的人生路，你的每一個決定，你的幸福，都牢牢地掌握在你自己的手中，而順利完成這一切的前提，就是你要學會自己愛自己，讓自己有一個好心情，好身體，你才會有好的人生。每個人都要懂得珍惜自己，哪怕自己的人生不如意，也要懂得為自己尋找一片遮風避雨的地方。如果你覺得這個世界對你不公，那麼你就要對自己公平一些；如果你覺得這個世界對你很冷漠，那麼你就要懂得溫暖自己；如果沒有人來牽你的左手，那麼

就用你的右手握住你的左手。因為你才是自己生命中的救世主，才是最強大的依靠，才是最真實的寄託。

為了生活，為了幸福，你可以不在乎別人的看法，不在乎名利富貴，不在乎如何活著，但是一定要在乎自己，一定要愛惜自己。生活和生命都是嚴肅的東西，那些喜歡拿自己開玩笑的人，生活也會和他開玩笑，那些不在乎自己的人，生活也不會真正在乎他。

愛惜你的另一半當如愛惜自己的身體

詩人泰戈爾（Rabindranath Tagore）說：「我愛你，我的愛人，請饒恕我的愛。像一隻迷路的鳥，我被捉住了。當我的心顫抖的時候，它丟了圍紗，變成赤裸。用憐憫遮住它吧。愛人，請饒恕我的愛。」愛情是甜美的，也是卑微的，總讓我們失魂落魄，但是守護這份愛的另一半，他們往往也是卑微的。

生活中，總有一個人，在你受到傷害時他會第一個站出來保護你、安慰你；總有一個人，你心情不好時，他會想盡一切辦法逗你開心；總有一個人，你遇到困難時，他都會站在旁邊鼓勵你，支持你，陪你一起度過難關。這個人，就是你的愛人。愛人是什麼？是那個經常讓你吃醋的人，是那個經常和你拌嘴的人，是那個偶爾會耍點小脾氣的人，是那個你見面時覺得厭煩，離開後卻牽腸掛肚的人，是那個當面喜歡貶低你，背後卻默默支持你的人，是那個經常陪在你身邊，卻經常被你忽視的人，是那個在你最開心的時候，與你一起分享快樂，在你最失落的時候，與你一起分擔痛苦的人。

可是我們總是會忽視掉這個身邊的人，他（她）就在我們眼前，就和我們朝夕相伴，我們是否會經常想起他（她）呢？在空虛寂寞時，腦海中

閃過的第一個人是否就是他（她）呢？當回到家裡，第一眼想看見的是否是他（她）呢？也許生活太繁瑣了，繁瑣得以至於我們沒有太多的時間去愛，去珍惜自己的另一半，繁瑣得以至於我們意識不到自己究竟有多幸福，使得一份真愛變得如此平淡如此平凡，變得和油鹽醬醋一樣普通。

　　你的愛人，他（她）才是陪你走過風雨人生路的人，才是你生命中最重要的人，也是最值得你珍視的人。有一天，當你失去愛人時，才會領悟到生活的孤獨，才會覺得人生的空虛，才會感受到無可訴說的壓抑，才會發現自己已經無所依託。愛人就是我們的翅膀，折斷翅膀，你才會了解無法高飛的痛苦；愛人就是我們的另一隻腳，失去了一隻腳，你才會察覺人生路上不平和坎坷的無奈；愛人就像我們的眼睛，失去了眼睛，你會發現自己的人生已經失去了色彩；愛人就像空氣，失去了他（她），你才會懂得窒息的痛苦。既然愛情不可或缺，既然愛人不可或缺，那麼我們就要懂得憐取眼前人，若是有情人，就要「執子之手，與子偕老」，若是有心人，就不要讓愛情在悲傷後悔中度過。

　　不要再遲疑了，不要再等待了，不要再尋找諸多藉口了，如果你真的愛他（她），在乎他（她），那麼就愛他（她）在現在，就在乎他（她）在這一秒。愛情經不起那麼久的等待，也經受不起太多的消耗。無論什麼樣的承諾，無論什麼樣美好的願望，無論什麼樣的人生規劃，都不如當下來得實際，不如當下來得幸福快樂。

　　有個男人很愛自己的妻子，可是因為家庭條件不好，他決定出去另謀生路，發誓將來一定讓妻子過上好生活，這樣才不辜負妻子對他的愛。臨行前，他和妻子一樣都戀戀不捨，兩個人抱頭痛哭。這一幕被一位路過的老和尚看在眼裡，老和尚於是上前攔住了男人的去路。男人以為老和尚是

來找自己化緣的，於是他從口袋裡取出一些錢給老和尚，可是老和尚卻搖搖頭。

男人好奇地問：「我急著準備出門呢，不知大師為何要攔住我的去路？」

老和尚回答說：「我只是勸你放下包袱回家。」

男人說：「我答應過妻子，出外好好闖蕩一番，好讓妻子過得更好一些。」

老和尚說：「看來你很喜歡你的妻子。」

「那是自然的，我們兩個人一直以來都很恩愛，在一起的日子很開心。」男人自豪地回答。

「那麼你就更應該回家了，既然在一起就很開心，為什麼還要分開呢？」老和尚反問道。

男人聽見這話，眼淚又不自覺的掉下來了：「我也捨不得離開，可是家裡的日子實在不好過，我想出去多賺點錢，這樣她以後就能過得更好一點。」

老和尚笑著搖搖頭：「你連當下的幸福都滿足不了她，還談什麼未來呢？現在讓她開開心心過好每一天不是更加重要，也更切合實際嗎？」男人似有所悟，站在那裡沉默不語。

老和尚接著說：「兩個人真正相愛的時間有多久呢？小時候被你父母占用了，成長時被青春揮霍掉了，之後還要被工作占用一部分，被睡覺占用一部分，被分離占用一部分……」

「大師，謝謝你的提醒！」還未等老和尚說完，男人卻再也聽不下去了，他對老和尚行了佛禮後，急忙往家裡跑去。

　　張愛玲說：「在千百萬人中，千百萬年間，不早不晚，正好碰上了，然後輕輕地說一句：嗨，你也在這裡！」這就是緣分。上天安排你們見相見、相識、結婚，這是一種不知道修了多少年才修來的緣分。佛說百年修得同船渡，千年修得共枕眠，經過一千年的等待，兩個人才能在一起生活短短的幾十年，緣分如此來之不易，我們為什麼不把握時間好好相愛呢？為什麼不珍惜彼此相愛的每一天呢？愛在當下，愛在眼前，我們還要等待什麼呢？從現在開始，不要說你有多麼愛他（她），不要說你有多麼在乎他（她），只需要僅僅抓住他（她）的手，只需要微笑著陪他（她）度過每一天，只需要珍惜彼此在一起的每一分每一秒。從現在開始，他（她）將成為你生命中最不可或缺的一部分。

　　我們就像大海裡的一葉孤舟，漂泊無依，可是有一天，我們遇見了和自己心心相印的那個人，原本灰暗的世界，一下子變得色彩繽紛，這時候，你只需要讓你的小船靠岸，和你的他（她）靜靜地欣賞雲卷雲舒，潮起潮落。

得意淡然，失意泰然！從執著到解脫的生活哲學：

不為物役、放下痴心、切忌放縱、懂得彎腰……少點預設期待，人生會更自在！

作　　　者：時曼娟
發 行 人：黃振庭
出 版 者：崧燁文化事業有限公司
發 行 者：崧燁文化事業有限公司
E - m a i l：sonbookservice@gmail.
com
粉 絲 頁：https://www.facebook.
com/sonbookss/
網　　　址：https://sonbook.net/
地　　　址：台北市中正區重慶南路一段
61 號 8 樓
8F., No.61, Sec. 1, Chongqing S. Rd.,
Zhongzheng Dist., Taipei City 100, Taiwan

電　　　話：(02)2370-3310
傳　　　真：(02)2388-1990
印　　　刷：京峯數位服務有限公司
律 師 顧 問：廣華律師事務所 張珮琦律師

──版權聲明────────

本書版權為出版策劃人：孔寧所有授權崧博
出版事業有限公司獨家發行電子書及繁體書
繁體字版。若有其他相關權利及授權需求請
與本公司聯繫。
未經書面許可，不得複製、發行。

定　　　價：375 元
發 行 日 期：2024 年 07 月第一版
◎本書以 POD 印製

Design Assets from Freepik.com

國家圖書館出版品預行編目資料

得意淡然，失意泰然！從執著到解
脫的生活哲學：不為物役、放下痴
心、切忌放縱、懂得彎腰……少點
預設期待，人生會更自在！ / 時曼
娟 著 . -- 第一版 . -- 臺北市：崧燁文
化事業有限公司 , 2024.07
面；　公分
POD 版
ISBN 978-626-394-492-3(平裝)
1.CST: 修身 2.CST: 生活指導
192.1　　113009579

電子書購買

爽讀 APP

臉書